吳偉英著

文學叢刊之九十八

閒話唐宋明

文史哲出版社印行

國家圖書館出版品預行編目資料

閒話唐宋明 / 吳偉英著. -- 初版. -- 臺北市 :文史哲,1999[民 88]
面; 公分. --(文學叢刊 ; 98)
ISBN 957-549-250-1 (平裝)

1.中國 - 歷史 - 唐（618-907）2.中國 - 歷史 - 宋（960-1279）3.中國 - 歷史 明（1368-1644）

617　　88015745

文學叢刊 ⑱

閒話唐宋明

著者：吳偉英
出版者：文史哲出版社
登記證字號：行政院新聞局版臺業字五三三七號
發行人：彭正雄
發行所：文史哲出版社
印刷者：文史哲出版社
臺北市羅斯福路一段七十二巷四號
郵政劃撥帳號：一六一八〇一七五
電話 886-2-23511028・傳眞 886-2-23965656

實價新臺幣二四〇元

中華民國八十八年十二月十六日初版

ISBN 957-549-250-1

閒話唐宋明·目錄

閑話朱元璋107

周　序

與邑中鄉長偉英兄相識將近三十年，但知道他會寫文章，卻是近七八年間的事。有一天，他送我一本遊記，書名是《萬里萍踪》。最初，沒多大注意，隨手擱在書櫥裡，大概事隔半年，隨手取來翻了幾頁，發現文章極有可讀性，無論寫景、寫情、寫歷史古蹟，都極爲生動。因而，使我繼續讀了好幾篇，乃至不忍釋手，深深覺得他的文章質樸而不浮華，遣詞造句，都有一定的章法。雖然，在題材的處理上不夠嚴謹，而結構章法卻有大家風格，尤其，文中的情景交融，所展示的美感，更令人激賞，我乃重覆地讀了兩遍，並且特別選了幾篇在我主編的《實踐》雜誌轉載。後來，又選了幾篇在《世界論壇報》副刊刊出，獲得讀者的喜愛，引發了我內心的共鳴，認定他的文章不是孤芳自賞型的「陽春白雪」，亦非通俗的「下里巴人」之樂。乃建議他從自己熟悉的題材中再寫點文章，一則爲自己留下一點歷史痕蹟；二則亦可以文自娛，消磨寂寞時間。偉英兄接受我的建議，文章就一篇又一篇的端上編輯枱，使我頓覺有如獲文學瑰寶，不愁稿源之不足矣！

古人認爲文章帚窮而後工，以我多年寫作經驗，文章都是迫出來的，只要有編輯催稿，有園地需要稿件，大都能迫出一些文章來。偉英兄最近推出的三本專集，都是近幾年「迫」出來的。因爲，他的文章一來就直接送電腦打印房，親自校對及放在拼版枱，我都是在刊出來後再詳細拜讀，覺得他的文章一篇比一篇精采，內容一篇比一篇充實、感人。尤其是當我讀到他的《相對無言的哀傷》、《離情別緒總感傷》、《無限悲傷無限訴》、《訴不盡的衷腸》、《懷念》、《親情》……等至眞至愛的散文時，我內心的酸楚、傷感，是極難以形容的。法國文學批評家泰納在他的《藝術哲學》中說：「我們看到愛的面目就是感動，不論愛採取什麼形式，是慷慨，還是慈悲，還是和善，還是溫柔，還是天生的善良；我們的同情心遇到它就是共鳴，不管它的對象是什麼：或者是構成男女之間的愛情，一個人委身給一個異性，兩個生命融合爲一；或者是構成家庭之間的各種感情，父母子女的愛，兄弟姐妹的愛；或者是鞏固的友誼，兩個毫無血統關係的人互相信任，被此忠實。——愛的對象越廣大，我們越覺得崇高」。

偉英兄在他的散文中所表現的夫婦、父子、兄弟之間的眞摯情誼，是永恒而普遍的，是人都應該有這份摯著。王國維說：「詞人者，不失其赤子之心者也。」又說：「詞人之忠實，不獨對人事宜然。即對一草一木，亦須有忠實之意，否則所謂游詞也。」（人間詞話）。

詩人、散文家李廣田亦說：「寫散文，實在很近於自己在心裡說自家事，或對著自己說人家的事情一樣」（談散文）。偉英兄的散文正是李廣田所說的「說自家事」和「對著自己說人家的事情」，他的情愛不獨表現在其日常生活的夫婦、父子之間，同時也實現於廣大群衆之中，如一九九五年冬將其居住的房屋變賣兩層，將所得之款，一部份捐給大陸的鄉親；一部份捐給旅台同鄉，以「老吾老以及人之老」的心懷設立「敬老基金」，這種作爲，已完全走出了個人的私愛，而及於孟子的「仁義」的博愛精神。

最近，他一口氣推出三部專集，由此間「文史哲出版社」印行面世，除了《萬里遊踪》一書有部份文章是從舊稿中改寫以外，其他兩書都是近幾年的精心力作。以他年高近八十的古稀之年，能寫出如此豐碩的作品，非常人所能爲，我想其最大的潛在力量，是他恩愛一生的夫妻之愛，讓他能誠摯地直抒胸臆，毫無保留地將這份人間至愛呈現在字裡行間。

在他的散文中，沒有虛構的故事，沒有假設的情境，我不敢說字字璣珠，但至少是句句實話。如果說，文學是生活的反映，而偉英兄的作品，絕大部份是反映其生活的眞實面，無論是內容和形式，都有點近於信手拈來，寫其至眞至愛的情懷，不雕琢、不矯飾，像一塊璞玉渾金，如一片瑩澈水晶。他不講究寫作技巧，但有其自然形成的表現手法，是親切、是率直，將自己的心境和盤托出。他傷感，卻不濫情；他悲懷，而不頹喪，他依然堅持著自己眞摯情愛，去企圖挽回一個幾近於絕望的幻影。

最後，我必須提到的是他對歷史的關懷，這是作爲一個知識份子最起碼的認知。偉英兄能對我國唐宋明人物的素描，說明他曾企圖在這些人物中找尋一些歷史的教訓，冀圖獲得一點進步的根源。人類學家一再強調，人類的進化，是因爲他能接受歷史的教訓。我相信讀者一定能在其《閒話唐宋明》一書中獲取一些歷史教訓而改變自己，或修正一些自以爲是的觀念。

歷史是不滅的，文學也不會衰毀。偉英兄這三部書將是他畢生的註釋，也是他留給其子孫們最值得珍視的瑰寶，特綴述數語爲序。

周伯乃

一九九九年十一月十四日

自　序

我非作家。古人常言：「文章千古事」。這話對古聖先賢來說，是無可置疑。而我只是樵牧之童，少小失學，一生事業無成，竟敢一口氣出版「夢縈故鄉」、「萬里遊踪」、「閒話唐宋明」三部文集，可說膽大妄爲。

緣於一九九一年，我七一生辰，深感人生在世，一身如寄，短短數十寒暑，宛如朝露，姑不論個人成敗得失，在人生歷程中，留得一鱗半爪，爲後代子孫，了解我人生奮鬥歷程，明白家國淵源，體認傳統，重視傳統。尤以半紀以來，流落異鄉，託命天涯，漂泊流浪，生活顚沛，落籍台灣，遙望故鄉，雙親已逝，時局離亂，未能稍盡孝道，難報生育深恩，午夜夢迴，寸心難安。乃拾掇平素扎記、舊稿，彙整成集「萬里萍踪」－回憶錄，爲母難日之獻，留給子孫、致送親友爲紀念。

我國學基礎膚淺，不會寫文章，也從未寫過。撰回憶錄，用詞遣字，多不達意，且漫長往事，難作有系統、有層次的敍述。因此，不求文章絢燦，詞藻華麗，以眞實情感，灌輸字裡行間，將事實寫到眞實貼切，實話實說，不加迴避，想到那裡，寫到那裡。然而，世態無時不變，人心每多矯飾，往往表裡不一，我觀察是否正確，感情是否激盪，還眞難說！

周伯乃先生，著名作家，享譽國際，不以鄙著粗淺見棄，在其主編的雜誌，報紙副刊，選登數篇，給予豐厚稿酬，對我鼓勵，至深至大，促使我以兩年時間，閱讀舊、新唐書，撰成：「榮枯得失話唐朝」及「故園河山」兩中篇，開我寫作之始。未料，德未修，時運舛！一九九四年患「口腔癌」，兩次手術，且遠在一九七五年，我已罹患「高血糖」症，一九九五年四月十九日，我妻鄭氏群珍，又不幸因右腳「靜脈曲張」手術，庸醫誤人，竟成「植物人」。使我原來的美滿家庭，幸福生活，突變爲孤獨悽涼；快樂人生，頓成憂傷痛苦，地裂山崩，精神飽受摧殘，以致萎靡頹喪，消極厭世，鬱鬱寡歡，對人生已頻臨絕望！

幸遇鄉親周伯乃先生，秉人溺己溺，仁義心懷，伸出援手，拯我於危崖，且責成我爲文遣悲，其眞摯情誼，卒使癡迷覺醒，靈光乍現，茅塞頓開。感懷愛護之深，「馬一鞭而奮蹄，人受勉而勵志」。此後振奮心志，每日埋首讀書，執筆創作。時光流逝，四年以茲，轉瞬即將進入二十一世紀，我也成爲八十老翁，將撰成和修改舊稿百有餘篇，經「世界論壇報副刊」、「實踐季刊」、「五華同鄉會年刊」，分別刊出。

自知文筆粗拙，難符一般水平。惟念我生不逢時，又少小失學，歷經軍閥割據，抗日戰爭，國內戰亂，飄泊他鄉，妻受禍害，老來孤單悽苦。人生至深至慘之事，經歷備嚐。復念人生無常，風燭殘年，若一旦遽逝，埋骨他鄉，精神與心血匯聚而成之產物，不忍成爲垃圾，因而輯印成册，公諸於世，爲兒孫後輩、親友、世人，做一交代。摩沙誦覽，在精神與心靈上可稍獲慰藉，或亦可從其中產生自然之情感和微末之得，乃抱傳後之微意，留作世人追思而已。

本書之成，承魏彥才先生函電鼓勵，陳史恆先生指導，魏楷才教授校訂，周伯乃先生鼓勵協助、更承爲「序」，文史哲出版社彭正雄先生出版發行，謹此，一併致謝。

吳偉蕃

一九九九年十二月十六日謹序

榮枯得失話唐朝

榮枯得失話唐朝

唐代帝王系統圖

高祖—太宗—高宗 ← 武后

武后—中宗

武后—睿宗—玄宗—肅宗—代宗—德宗—順宗—憲宗

憲宗—穆宗—敬宗

穆宗—文宗

穆宗—武宗

憲宗—宣宗—懿宗—僖宗 ← 昭宗

懿宗—昭宗—哀帝

祖蔭子肖開唐祚

高祖李淵字叔德，隴西成紀人，其八世祖嵩，晉末年，據秦、涼爲涼武照王，子歆爲沮渠蒙遜所滅。重孫耳，魏時弘農太守·曾孫熙，金門鎮將·玄孫天賜爲幢王·六世孫虎，西魏時賜姓大野氏，官至太尉，與李弼等八人佐周伐魏有功，皆封爲柱國，號八柱國·周閔帝受魏禪，時虎已卒，追錄其功，封唐國公、謚曰襄，生昺襲封唐公，安州總管，柱國大將軍，卒謚曰仁，即高祖之父。

高祖生於長安，體有三乳，性寬仁，襲封唐國公，隋文帝獨孤皇后，高祖之從母，因此，與文帝之關係至密，文帝相北周時，復高祖姓李氏，仕隋歷譙、隴、歧州刺史，滎陽、樓蘭太守，殿內少監，衛尉少卿；煬帝征遼東，督糧運於懷遠鎮，楊玄感反，爲弘化留守，太原留守。

從而知高祖是襲祖蔭而居高位，與煬帝淵源深厚。故煬帝失德，殘民以逞，遍地烽煙，盜賊如毛，哀鴻遍野，民不聊生，輔佐煬帝，一秉忠誠。煬帝南巡江都，挖運河，建離宮，勞民傷財，引致：劉武周起兵馬邑，林士弘擁兵豫章，劉元晉舉旗晉安，朱燦揭竿南陽，李子通兵起海陵……，反叛，時稱三十六路諸侯，七十二路煙塵。著者：李密因南陽，蕭銑處江陵，竇建德連河北，王世充據東都，皆擁兵數十萬，磨牙搖毒，互相口噬，假藉仁義，禮賢下士，擅王僭帝，可謂盡皆包藏禍心·高祖其時雖對煬帝仍忠心不二，卻和晉陽宮中妃嬪，左擁右抱，飲酒作樂，享受無邊春情，玩賞聲色，懵然不知次子世民，已陰結豪傑，準備起義，始驚覺自己和兒子的行爲，都是滅門大罪，乃迫不得已，同意兒子舉兵起義。

煬帝大業十三年（公元六一七）三月，宇文化及弒煬帝於江都，立秦王浩爲恭帝，僅數月，李世民攻陷長安，恭帝遜位，李淵遂有天下，隋朝自公元五八一至六一八年，歷三帝三十七年而亡。

高祖原是唐國公，受禪後，以「唐」爲國號，稱「武德」，立世子建成爲太子，世民爲秦王，元吉爲齊王，其他各子皆封王，並封秦王爲兵馬大元帥。從此秦王世民，南征北伐，歷經八年，除西域突厥，尚未臣服外，國內叛亂，均已掃平，聲威遠播，德服群雄，豪傑來歸，文士咸集。高祖幾次對群臣言：唐祚的建立皆秦王之功，擬改立爲太子。

太子建成，器量狹小，德望不孚，行爲不端，與高祖妃尹氏，張婕妤烝淫，開父子同麀亂倫。知父皇有意改立太子，利用妃嬪，蠱惑高祖，疏間秦王，因此，高祖對改立太子之事，猶豫不決，致有武德九年六月，太子建成，齊王元吉，密謀誅殺秦王，而事機不密，乃有玄武門鬩牆之禍，建成，元吉事敗身殉。高祖乃改立秦王爲太子，並於八月遜位。高祖在位九年，崩於貞觀九年，壽七十有一。

唐之興，在後周、隋之際，世代貴矣，然非由積德累仁之漸。高祖先受祖蔭襲封，繼以太宗乘隋之亂，掃平群雄而有天下，是因時勢而崛起者。雖有治有亂，或絕或微，然有天下幾三百載，可謂盛矣；豈非人厭隋亂而蒙德澤？繼以太宗之治，制度紀綱律法，後世有以憑藉扶持，而能永其天命!?

君明臣賢成盛世

太宗李世民，受高祖禪位而有天下，號貞觀。初，隋朝末年，煬帝無道，群雄四起，烽煙遍地，狂征暴斂，民不聊生。太宗時年十八，感世局的動盪，人民處於水深火熱之中，平亂救民爲己任，舉義旗，集義禮，遍歷全國，掃平群雄，深知民間疾苦。於二十九歲登基後，勵精圖治，立制典，任賢臣，受忠諫，施仁義，探民隱，減刑罰，寬賦稅，輕徭役；撫百姓以慈，遇臣下以禮，褒秋毫之善，聽逆耳之諫；常召五品以上官員宿中書省，賜坐與談外事，百姓利害，政教得失。時褚遂良兼起居事，帝曰：「卿記起居事，人君得觀之乎？」對曰：「今之起居，古左右史也，善惡必記，戒人主不爲非法，未聞天子自觀史也。」帝曰：「朕有不善，卿必記也。」對曰：「守道不如守官，臣職載筆，君舉必書，縱臣不記，天下人亦必記之。」帝曰：「朕行有三：一考前代得失，以爲鑑戒。二進善人，共成政道。三斥遠群小，不受讒言。朕守之而弗失，欲史者不能書吾惡也。」又常以：「知足以自戒，思止以安民，謙恭而自牧，懼滿溢，戒樂遊，憂懈怠，思慎終。」因此，官吏多自清謹，王公妃主之家，大姓豪猾之伍，皆畏威屛跡，無敢侵欺細民，商旅野次，無復盜賊，囹圄常空，馬牛布野，宵小絕跡，成爲「貞觀之治」、「貞觀盛世」。實君明臣賢，精誠團結的偉績。

唐朝的官制：省、台、寺、監、衛、府。中書、侍中、門下，三省之長，共議國政，此宰相職也（起居內宦另述）。

太宗常以：「馬上可以得天下，馬上不能治天下。」故在征戰之中，策定「文治天下」的高瞻遠矚，隨時注意寬容，網羅經國治世之才；如杜如晦、房玄齡、褚遂良、李靖、長孫無忌、李勣、（原名徐世勣，高祖賜姓李名勣）魏徵等，皆「貞觀之治」的主要功臣。

杜如晦，聰敏識達，有王佐之才，軍國之事，參予帷幄，剖斷無誤。房玄齡，每克敵入城，不求金寶，先收文物。故時譽：杜如晦、房玄齡，愼思之密，無人可匹，可說：「命世之才，幸逢明主，謀猷允協，以致昇平」。房玄齡能善建嘉謀，常以先哲方之。杜如晦則遇事能斷，均能切中時弊。故有贊曰：「肇啓聖君，必生賢輔，笙磬同音，惟房與杜」。長孫無忌，皇后之兄，思慮周詳，遇事建議，必定可行。李靖、李勣，深知韜略，暢曉軍機，運籌帷幄，決勝千里，平定四方，功勳卓著。

太宗器量寬宏，眼光遠大，用人惟誠、惟信、惟才，縱是仇敵，一旦歸順，即置心腹，毫無隔閡。魏徵原仕李密，密敗，爲太子建成洗馬，玄武門鬩牆受執，太宗責之。坦然對曰：「若太子聽我之言，則殿上所座非主上矣。」太宗深敬其膽識而重用。魏徵有經國治世之才，，性又抗直，無所畏懼屈撓。帝與言，侃侃而談，帝從無不悅。魏徵亦喜逢知己，竭其所能，佐理政務，深謀遠算，多所宏益；每言必切中時弊，每疏必言治國安民，固本積德，行仁布義，戒驕奢、逸樂、浮華，以往古事爲鑑。畢生爲李朝貢獻心力，爲百姓安樂謀福利。前後建諫治國安民要務兩百疏。帝深嘉許曰：「非卿忠誠，奉國何能若是，我任卿逾於管仲，近代君臣相得，寧有似我與卿者?!」又對群臣曰：「往日魏徵實我仇敵，但其盡心所事，有足嘉者，朕能擢而用之，每犯顏切諫，不許我爲非，所以重之；每行不欲與其相離，因其能見我之是非得失而直言。貞觀之前從我平天下，周旋艱險，玄齡之功，無可與讓。貞觀之後，盡心以我，獻納忠言，安國利人，成我今日之功業，爲天下所稱者，惟魏徵而已，古之賢臣，何如加也。」以是解佩刀賜二人。徵死後，帝每臨朝嘆曰：「以銅爲鑑，可正衣冠。以古爲鑑，可知興替，以人爲鑑，可明得失；朕常保此三鑑，以防己過，今魏徵逝，一鑑亡矣」。其見重若此。

秦叔寶、尉遲敬德等，原是敵營勇將，每欲置太宗於死地，一旦歸順，即視爲心腹，從無疑猜；然人多疑之，後兩人屢救太宗於危難，立不世的功勞，與文武功臣，繪圖像於淩煙閣，名標青史。

司徒趙國公長孫無忌

司空河間王孝恭孝

司空萊國公杜如晦

司空太子太師鄭國公魏徵

司空梁國公房玄齡

開府儀同三司鄂國公尉遲敬德

特進衛國公李靖
特進宋國公蕭瑀
輔國大將軍褒國公段志玄
輔國大將軍夔國公劉宏基
尙書左僕射蔣國公屈突通
陝東道行台右僕射鄖國公殷開山
荊州都督譙國公柴紹
荊州都督邳國公長孫順德
洛州都督鄖國公張亮
吏部尙書陳國公侯君集
左驍衛大將軍郯國公張公謹
左領大將軍盧國公程知節
禮部尙書永興郡公虞世南
戶部尙書莒國公唐儉
兵部尙書英國公李勣
胡國公秦叔寶

世說：成功男人背後必有賢內助。太宗成就偉業，治績冠古今，固有凌煙閣標名與衆多賢臣的忠心治事；長孫皇后的賢明懿德，實堪足述一二；帝偶與談天下事，輒辭曰：「牝雞司晨，惟家之窮，妾以婦人，豈敢預聞政事。」一次魏徵犯顏抗諫，帝怒回御書房，徵立門外久久不去，后整冠拜賀「得忠耿抗直賢臣。」后兄無忌，與帝本布衣交，以佐命元勳，出入臥內，引以輔政，后固請不可曰：「妾家以恩澤進，託體紫宮，尊貴已極，無德而祿，易以取禍，不願私親更據權於朝，漢之呂、霍可以爲誡。」后有疾，太子欲請大赦，汎度道人，祓除災會，后曰：「死生有命，非人力所能支，若修福可延，吾不爲惡，使善無效，我尚何求？且赦令國家大事，佛、老異教耳，皆上所不爲，豈宜以吾亂天下法。」后病已危，與帝訣別，時房玄齡小譴就第，后曰；「玄齡久事陛下，預奇計謀，非大故，願勿置也。又曰：妾生無益於時，死後不可以厚葬，願因山爲壠，無需起墳，無用棺槨，器以木瓦，約費送終，是妾不見忘也。」又請帝：「納忠容諫，勿受讒言，省畋牧作役，死無恨」。其賢德類此多矣。

太宗常與臣僚討論：「爲君之道，必須先存百姓，若損百姓而益其身，猶割股以啖腹，腹飽而身絕。若安天下，必先正其身，未有身正而影曲，上理而下亂者。不在外物，皆由嗜欲以成其禍。若耽嗜滋味，玩悅聲色，所欲已多，所損亦大，既妨政事，又擾人生。且復出一非理之言，萬姓爲之解體，怨讟已作，叛離亦興，朕每思及此，不敢縱欲。」諫議大夫魏徵對曰：「古聖哲之主，皆亦近取諸身，故能遠離諸物；昔楚聘詹何，問其理國之要，對以修身之術；又問理國如何？對曰：未聞身理而國亂者。陛下所明，實同古義。」

何謂爲明君、暗君。魏徵曰：「君之所以明者兼聽也，所以暗者偏信也。昔唐、虞之理，闢四門，明四目，達四聰，是以聖無不照……。」

帝王之業，草創與守成孰難。尚書左僕射房玄齡對曰：「天地草昧，群雄競逐，攻破乃降，戰勝乃克，草創爲難。」魏徵曰：「帝王之起，必承衰亂，覆彼昏狡，百姓樂推，四海歸命，天授與人，乃不爲難；既得以後，志趣驕逸，百姓欲靜，而徭役不休，百姓凋殘，而侈務不息，國之衰弊，常由此起，以斯而言，守成爲難。」帝曰：「玄齡從我定天下，備嘗艱困，出萬死而遇一生，所以見草創之難。徵與我安天下，慮生驕逸之端，必踐危亡之地，所以見守成之難也。」

太宗問：「忠臣、賢臣如何分？」魏徵曰：「遇危難，忠臣能死節，遇世亂，賢臣能治國，臣願爲賢臣，不願爲忠臣，蓋死節是國家之不幸也。」帝曰：「當今大亂之後，造次不可致理。」魏徵曰：「不然，凡人在危困，則憂死亡，憂死亡，則思理，思理則易教，猶饑人之易食也。」

帝曰：「古者斷獄必訊於三槐九棘之官，即今的三公九卿。今而後，大辟罪，皆令中書門下四品以上及尚書九卿議之，庶免冤濫；又曰：凡有死刑，皆須五復奏，受刑定罪恐有冤屈，合死而情有可矜者，宜錄奏聞。」

貞觀二年（公元六二八）詔停周公爲先聖，始立孔子廟堂於國學，稽式舊典，以仲尼爲先聖，顏子爲先師，兩邊俎豆，干戚之容，始備於茲……俄而吐番，高昌、高麗、新羅諸夷酋長，皆遣子弟請入於學……帝曰：「朕若制事出令，有益於人者，史則書之，足爲不朽，若事不師古，亂政害物，雖有詞藻，終貽後代笑。」

「貞觀政要」，是太宗朝國史精髓，現錄卷論以後：

第一卷　論君道、政體。

第二卷　論任賢、求諫、納諫。

第三卷　論君臣鑒戒、擇官、封建。

第四卷　論太子諸王定分、尊敬師傅、教誡太子諸王、規諫太子。

第五卷　論仁義、忠義、孝友、公平、誠信。

第六卷　論儉約、謙讓、仁惻、愼所好、愼言語、杜讒邪、悔過、奢縱、貪鄙。

第七卷　論崇儒學、文史、禮樂。

第八卷　論務農、刑法、赦令、貢賦、辯興亡。

第九卷　論議征邊、議安邊。

第十卷　論行幸、畋獵、災祥、愼終。

貞觀政要一書，分十卷、四十論，約十萬言，字字珠璣，言言金石，實曠世的人君，愛民如子，時令教化，良足可觀，震古鑠今，未之有也。而治國、治民的法則，做人做事的規律，垂至今日一千四百餘年，仍是切合時弊的寶典。至於垂世立教之美，典謨諫奏之詞，可以宏闡大猷，增崇智道。貞觀政要，皆君臣研究討論結果的精華，實君明臣賢，相輔相成之偉績。

吳兢，歷仕高宗、武周、中宗、睿宗、玄宗五朝垂五十年，爲唐代最負盛名的史學家。歷任荊州司馬、台、洪、饒、荊四州刺史，鄴郡太守，恆王傅、直史館修國史。根據太宗朝的國史，撰成「貞觀政要」；續成高宗、武后實錄一百卷，武后實錄二十卷，中宗實錄二十卷，睿宗實錄十五卷。是唐代任史職最久，撰述最多者。撰武后實錄時，執正不苟，不依權勢，頗受干擾，人稱直筆，史評極佳。死於天寶八年，壽八十餘，撰唐國史八十餘卷，柳芳等綜述又一百三十卷。

太宗之世，文治武功，實古今之盛，功德兼隆，自漢以來，未之有也。文治之績，成「貞觀之治」，至於武功，版圖之廣：東至安東、西至安西、南至日南、北至單于府。南北與漢朝相似，東雖不及，而西則過之。外交手段，常以宮中女子和親結盟，換取百數十年和平，使政局安定，百姓康樂，影響後世深遠。然而，太宗的功業治績，仁德披化，雖震古鑠今，仍難免有所錯失。

貞觀四年，突厥頡利敗亡，部衆降者，幾近十萬，爲安撫來歸，溫彥博奏請以河南安置。魏徵則反對，認爲外族性多狡詐，善變，智識低落，道德不彰，不即誅滅，亦應遣還原地，免有腹心之患；須知十數年後，滋養倍之，則成肘腋，且近京畿，後患更大。太宗不聽，卒用溫彥博之策，自幽州至靈武，置順、祐、化、長四州處之。居長安者數千家，首領降者，皆拜將軍中郎將，布列朝廷五品以上百餘人。迨貞觀十三年，太宗幸九成宮，突厥可汗弟中郎將阿史那，陰結所部，夜犯御營，始悔。然其禍尚不止此，天寶之亂，實所遺也。

長孫皇后崩未久，聞武照年輕貌美，於貞觀十八年（公元六四一）召入宮爲才人，凡六年，深知貌雖嬌美，實藏狐媚，心術不正，權變狡詐，終將爲禍國朝，故幸之而不溺，臨終曾擬除之，以絕後患，卒因心仁，又聽術士之言，送感業寺爲尼，卒爲高宗帶來禍害，污穢宮廷，殺害忠良，李胤幾斷，國祚幾滅。實非太宗所能料及，此豈天意也？

高宗昏庸武后狠

高宗諱治，太宗九子，五歲封晉王，性寬仁孝友，初受孝經，即知「夫孝，始事於親，中事於君，終於立身。君子之事上，進思盡忠，退思補過，將順其美，匡救其惡。」九歲母后崩，哀痛逾常，太宗屢加慰撫，由是特深寵愛。貞觀十七年，太子承乾因事廢，魏王泰罪黜，太宗欲立晉王，群臣多異議。太宗有十四子，太子、魏王、晉王，皆長孫皇后所生。朝罷，留長孫無忌、褚遂良、李勣，帝曰：「吾三弟一子，未知所立，心殊痛苦。」言罷解佩刀擬自殺，無忌等懼，知帝意決，遂不再反對，請帝詔示，無畏外議，願加維護，因此得立。帝顧王曰：「舅許你，宜速謝。」太宗臨崩，召無忌，遂良爲顧命元臣，以輔太子曰：「我有天下，無忌之力也，你爲政勿令讒者害之。」

高宗年二十一登基，死於五十六歲，年號由永徽至弘道共十四個。承父德餘蔭，衆多元臣，佐理朝政，風調雨順，百姓安樂，邊境偶有侵擾，固癬疥之疾，不致影響國計民生，坐享太平，垂拱而治之君。但性雖寬仁孝友，實懦弱昏庸，遇事昧明，優柔寡斷，行爲不端；與父皇才人武照烝淫，即位後，自感業寺召回太宗遺詔爲尼的武照入宮，迷戀女色，聽信讒言，罔顧國基，任由武氏毒害皇后，鴆太子，殺元舅，戮賢良，逐忠臣，宗胤幾斷，社稷顚危。由是，忠良啞退，奸佞專橫，違母后「牝雞司晨，惟家之窮」的懿言，竟令武氏干預軍國大事，致以後武、韋禍國，種因於此。

武氏原名照，賜名媚，貌美豔，性機敏，有權術，詭變不窮。按唐內官志：皇后下、貴妃、淑妃、德妃、賢妃，是爲夫人。昭儀、昭容、昭媛、修儀、修容、修媛、充儀、充容、充媛，是爲九嬪。婕妤、美人、才人各九人，是代世婦。寶琳、御女、采女各二十七人，是代御妻。其餘典事，皆男宦之職。由是可知，才人在後宮中是世婦，專供帝、后、妃服飾、寢事之職。武照入侍太宗時，年輕貌美，必是禁臠之肉，高宗罔顧從母體制，逞其邪慾，淫亂後宮，與其大伯建成，烝淫高祖妃尹氏、張婕妤，父子同麀，如出一轍，乖違人倫之道。

武照被召入宮，初爲才人，下禮事皇后，凡百恭順，深獲皇后的歡心、讚譽、言於帝，改封昭儀；由是獲寵在蕭妃之上，即多忤皇后，與蕭妃、良娣爭寵。爲達爭奪后座，竟親自扼死親生女嬰，誣皇后不義，后因而遭廢。迨登后座，殺蕭貴妃、良娣。高宗元舅顧命大臣長孫無忌及另一顧命元臣褚遂良，因反對武氏封后，竟遭殺害、迫死（按例：顧命元臣不得殺害）。廢太子忠爲庶人，放逐黔州，使人鴆之。改立弘爲太子，因蕭妃女義陽、宣城兩公主，三十不得嫁，言於帝，又鴆之。高宗知之，莫可奈何！

高宗於公元六六〇年得風疾，軍國事多委武后協理；武后精明能幹，遇事細心，井然有緒，深獲帝心。爾後帝視朝，后輒垂簾於帝後，軍國事大小皆預聞。帝晚年風疾不支，天下事概付與后。后已獲專寵，數上書言天下得失，收攬人心，生殺賞罰惟所命，除重要大事奏帝外，餘皆自決。后益用事，遂不能制。

高宗於咸亨五年（公元六七四）改爲天帝，后稱天后。帝因頭疾，目不能視，下詔天后攝國事，帝昧於奸佞之言，欲遜位於后，忠臣固諫乃止。公元六八三年帝崩，遺詔太子顯繼位，是爲中宗。詔曰：「七日而殯，皇太子即位柩前，國陵制度，務從節儉，軍國大事不決者，由天后處分。」

中宗名顯號嗣聖，武后所生，即位僅兩月，被武后貶爲盧陵王，遠謫房州。立八子旦繼位，是爲睿宗，僅三日即被囚禁。天后親自臨朝，改元光宅（公元六八四）。迨徐敬業叛，下詔陽爲復辟，睿宗揣知其意，固辭。公元六九〇年，后立武氏七廟，改國號爲「周」，自稱曌「金輪神聖皇帝」，旗幟尚赤，以睿宗爲皇嗣，罷唐朝太廟爲享德廟，旋廢睿宗皇嗣爲安國相王，擬立武三思爲太子，群臣無一敢言，獨狄仁傑切諫曰：「姑姪與母子誰親？立盧陵王，則千秋萬歲後，永享宗廟，三思立，廟不附姑，」帝悟始寢。公元六九八年，迎中宗回朝爲太子。

溯自高宗朝武后協政事，至光宅親自執政，數十年來，朝政雖仍按舊規，無多變易，而李朝宗胤，殺戮幾盡。惟武姓宗戚及其黨羽，順者昌，逆者亡，唐祚已如游絲，朝不保夕，若非狄仁傑忠言，唐祚難以繼續，狄仁傑實續唐宗廟的功臣。然而狄仁傑死於武周朝，不列爲唐代忠臣。

武后性本淫蕩，太宗、高宗時，不敢明白張膽，任性而爲，自爲至尊後，無人敢言，且多媚主邀功，貢介俊男，床第之事，稱意者賞，否則殺之，以杜悠悠之口，淫穢宮中，冤魂無數。薛懷義者，市井無賴，原名馮小寶，身體強壯，器偉異於常人，因緣結識千金公主之婢，魚水歡餘，旋被識破，乃爲公主所奪，自後千金公主嬖之；爲奉承巴結，乃轉介母帝，甚獲寵幸。爲掩行跡，使削髮爲僧，拜白馬寺主持，俾便出入宮廷；迨懷義寵衰，叛逆遭誅，張昌宗繼寵，且介胞兄易之同侍，其淫蕩如此，母女共男，兄弟共女，武氏無恥，實古今奇聞。

薛懷義獲寵時，在公元六八九年，武氏已六十有五；神功六年，武氏已七十四歲，始寵二十餘歲的張氏兄弟，天造地育，自有時序，逾甲子年齡的老婦，應難有春情盪漾之軀，縱調養得宜，駐顏有術，何能縱情逞淫？深令人疑猜？但史載昭然，應無妄言，豈秉筆者，亦異於常人乎？神龍元年（公元七〇五）帝年八十，有疾，久不癒，宰相張柬之與崔玄暉請中宗率羽林將軍李多祚，帥兵入宮，斬張氏兄弟。帝聞變，乃傳位中宗，翌年駕崩，遺詔稱「則天大聖皇太后。」

自高祖、太宗，除隋暴虐，治平以寬，民樂其安，少有犯法，政治之美，幾媲美三代之盛；考其推心惻物，可謂仁矣。高宗即位，既昏且懦，武氏得志，而刑濫矣，流毒天下，幾至於亡，宗胤殺戮幾盡，顧命遺臣，不免者僅一二。以貞觀之治，遺德猶在人心未遠，唐祚幾絕，其爲惡可謂深矣。太宗之明，昧以知子，擇立之際，不聽諫諍之言而自決，卒用昏童；明知武媚將必爲禍，昧以仁心，復聽術士之言，使之爲尼。高宗色令智昏，溺愛衽席，不戒履霜之漸，違母后「牝雞司晨，惟家之窮」警語，致使武氏專權，流毒天下，貽害邦家，父子夫妻之間，可謂難矣。

韋皇后鴆弒中宗

中宗諱顯，高宗七子。太子忠忤武后，貶爲庶人，鴆死黔州，繼立太子弘，因蕭妃生的義陽，宣城兩位公主，年三十不得嫁，言於帝，失歡於武后，廢而鴆之，顯因而得立爲太子。太子及安國相王旦，均武后所生。高宗崩，遺詔太子柩前即位，是爲中宗，號嗣聖，以韋氏爲后，即位僅兩月，武后奪位，貶爲盧陵王，謫居房州十餘年。武后改唐爲周，經狄仁傑切諫，召回爲太子。公元七〇五年，則天皇帝，年高八十，傳位於太子，仍沿用神龍年號，與高宗傳位爲帝，相隔已二十年，開歷史之未有。

中宗既掌帝權，知前朝奸佞禍國之深，爲振朝綱，誅逐奸佞，崔敬暉等忠義舊臣深惡武氏朋黨，弄權誤國，必欲悉數誅戮，以絕後患。武三思恐懼，乃請上官昭容引見韋后，並烝之。三思前與上官昭容通淫，今又烝韋后，至是獲寵，常與后宴遊，御床慱戲，帝知之而不敢言。緣中宗被貶房州時，常恐懼不安，每聞使臣至，常惶恐欲自殺，后慰曰：「禍福倚仗，何常有之，豈失一死，何遽如此。」同歷艱困，情愛甚篤，帝誓言曰：「一朝見天日，誓不相禁忌。」故后任性所爲，帝亦不干預。由是武三思復用事，結朋引黨，貪贓枉法，門庭若市，殺害異己，人人自危。

安樂公主，韋后么女，平素最爲帝后寵愛，特制開府，儀比親王，持寵而驕，賣官鬻爵，勢傾朝廷，常親擬制敕，掩其文而請帝書，帝笑而從之，竟不省視。又自請爲皇太女，帝雖不從，亦不譴責，所署府僚，皆猥濫菲材，廣營第宅，侈靡過甚，天下咸感嘆！更與武三思、武廷秀、宗楚客等共商同危社稷，欲韋后臨朝稱制，冀立爲皇太女。因此，景龍四年六月（公元七一〇）韋后鴆弒中宗。

帝崩後，后秘不發喪，親自臨朝，總攬庶政，大赦天下，收攬人心，改元爲唐隆，矯詔立溫王重茂爲太子，安國相王旦爲太子太傳。待韋、武黨羽在京畿部署兵馬停當，然後發喪，矯遺詔皇太子重茂柩前即位，時年十六。臨淄王李隆基，深知其僞，趁隙舉兵襲宮，誅除韋、武黨羽，韋后爲亂兵所殺。溫王重茂，旋遜位於皇叔安國相王旦，是爲睿宗。溫王重茂，因未正式登基即遜位，稱殤帝，不列入唐祚帝王表。

自古亂臣賊子，不容於世，篡國弒君，罪更大矣。高宗、中宗兩朝，武、韋行爲頗相類似。武后鴆太子、殺親女；韋后鴆弒帝夫。至於淫穢宮廷，擅權濫殺，如出一轍。惟武后能得善終，報應不及自身；蓋武后於高宗中葉，即參予國政，賞勵升遷、籠絡人心，雖以高宗之名，實武后自握大權，人皆知之；及爲帝，生殺予奪，由心所之，權柄親操，根基深厚，故其禍不及於自身，能保永年。韋后淫穢宮廷，殺戮異己，短短四年，受害者無數，不善用挾天子令諸侯之理，詔敕權柄，假手他人，鴆弒帝夫，人神共憤，禍即旋踵，死於亂兵，咎由自取，報及自身。中宗親遭母后之難。躬自蹈之，昏庸無知，竟至於斯，是所謂：「下愚之不移歟」!?

唐玄宗有始無終

玄宗諱隆基，睿宗三子，史評：「生性孝能克忠，義而能勇，英斷多藝，善音律，儀範偉麗。」武后朝初封楚王，後改臨淄郡王。中宗朝，王室多故，陰引才力之士以自衛。韋后弒帝，臨朝聽政，僞詔立溫王重茂爲太子，旋又爲帝發喪。韋、武、宗楚客等群邪害正，排擠忠良，陰貯甲兵，潛結異邦，謀傾社稷，隆基遂帥兵入宮平亂，誅殺韋、武朋黨。事後始謁睿宗，奏不先啓請之罪。睿宗抱之曰：「社稷禍福，由你安定，神祇萬姓，賴你之力。」

睿宗即位，議立太子，衆目：「除天下之禍者，享天下之福，拯天下之危者，受天下之安；又聞諸昆仲咸皆推讓，郡王隆基有聖德，定天下宜膺太子位，以副群心，」遂立爲太子。初，睿宗於中宗貶爲盧陵王時，被立爲帝，僅三日，即被囚，今由殤帝重茂遜位，而有天下，復殤帝爲溫王，改元景雲、繼改太極、延和三個年號。自武周、中宗歷二十餘年，朝政混亂，人事全非，一切均需高智慧、高能力始能應付，自感年華漸老，精力不繼，力不從心，且頻年天象示警，災變時發，術士建言，傳位始能避災，乃於延和元年六月，傳位於太子，在位不滿三年。

玄宗即位改元光天，翌年改爲開元。自高祖開基，歷太宗、高宗、武后、中宗、睿宗六朝九十餘年，雖武、韋兩后淫亂，群奸誤國，殺戮異己，僅在朝廷周邊上層，下層官吏和人民，固少波及，影響國本民生尚輕，且貞觀之治，遺德猶深植民心。

玄宗親歷武周、中宗兩朝之亂，先後以姚崇、宋璟爲相，勵精圖治，誅除奸佞，親賢臣，遠小人，懲強權，革弊政，施仁政，行禮義，樂民之所樂，憂民之所憂，主明臣賢，成爲「開元之治」，媲美「貞觀之治」，前後輝映的讚譽。然而「貞觀之治」，因隋煬之亂，人民處於水深火熱之中，濟之以仁，行之以義，輕賦稅、寬徭役，減刑罰，因而大治。「開元之治」，是沿「貞觀之治」，天下太平，民豐物阜，上無政務之煩，不知艱困爲何？下無生命之危，賦稅徭役苛政之苦，歌舞昇平，爲太平盛世。危難意識已無，逐漸趨向享樂浮華，危機隱伏，懵然不知，故其治績實難與「貞觀之治」並論。

太凡多才多藝善音律的人，其性格情趣，較趨向於清靜安逸，唯美生活，雖是衆所追求的目標，究非治國要務。玄宗身爲帝君，年輕時，武、韋黨羽敗壞綱紀，危害朝廷，激於義憤，奮勇除奸，高瞻遠矚，夙夜匪懈，爲國爲民，遂成盛世。然時日久長，悠生懈怠，忽視初衷，不能始終爲國謀太平，爲人民謀幸福，履薄臨深之警，居安思危之慮，年華漸老，更追求聲色犬馬之樂，沉迷於嬉戲脂粉之中。開元二十二年（公元七三四），聽信讒言，重用李林甫、牛仙客奸佞之輩，迫走張九齡。

張九齡，廣東韶州人，文學冠時，名重當世。玄宗生日，大臣皆獻寶物，他卻獨獻事鑑十章，以伸諷諫，號「千秋金鑑錄」，爲歷代帝王行事準則。爲相十餘年，治績卓著，耿直立朝，爲同僚所敬憚。預知安祿山必反，李林甫奸惡，諫帝斬安祿山，勿用李林甫。帝不聽，後安祿山叛，李林甫奸惡，九齡亦爲李林甫，奸讒而罷政，南返故里，經大痍嶺種植高潔傲雪梅樹萬株，故又稱「梅嶺」。有唐一代除魏徵能「匡正時政」，對君上「犯顏直諫」以外，只有張九齡最爲忠耿。死謚文獻，號「曲江公」。

惠妃，婉順賢慧，行合禮儀，言應圖史，貴而不驕，謙而有禮，以道飭躬，以和親下，四德兼備，六宮景仰，不幸於開元二十五薨逝，帝深爲痛悼！影響所及，心情蕭索，神智漸昏，處事判斷，已失去少年時的英明，又聽信宦官誤導，攫奪兒媳壽王瑁妃楊玉環，以瞞天手法，送庵爲尼，賜名太貞，期年召入宮爲貴妃。從此，後宮三千佳麗，黯然失色，寵冠一身。玄宗自是沉迷酒色，君王不早朝。乖違人倫，父子同麀，步建成太子、高宗的覆轍。

楊貴妃名玉環，資質美艷，通音律，善歌舞，與帝志趣相通，又智算過人，每倩影承歡，動迎上意，天寶初年封爲貴妃；帝每巡幸，均隨侍共輦。貴妃乘馬，由驃騎大將軍高力士執轡授鞭。宮中供貴妃院織錦刺綉工人，凡七百，雕刻鎔造又數百，凡有所需，總設法做到，喜吃廣東荔枝，特命驛使，五里一堠，十里一置，一晝夜八百里快馬，日夜奔馳，遞送到京，以保新鮮，勞民傷財，以此可知。詩云：「一騎紅塵妃子笑，誰人知是嶺南來」，不失爲傷感寫實。

妃有姊三人，皆有才貌，各賜夫人；長韓國、次虢國、三秦國，並承恩澤，與帝通私，深受寵愛，出入宮廷，勢傾天下。兄姊弟五人，各賜甲弟，連接禁宮，門立執戟，僭擬宮廷，車馬僕御，照耀京城，四方獻遺，每有頒賜，五家如一，三夫人每有請託，必獲允准。帝每幸華清池，五家擁從，旗分五色，燦若虹霞，朝廷儀仗，黯然無光，各方賄賂，門庭若市。堂兄國忠，身居相位，兼劍南節度使、京兆尹，內外權勢，集於一身，炙手可熱，長安城中，競逐其門，貪贓枉法，賣官鬻爵，為所欲為，引致忠義之士，以及天下百姓，義憤慎膺，同聲撻伐。

天寶十四年（公元七五五）十一月，領范陽、河北、平盧等節度使、東平王安祿山，在范陽舉兵反叛，震驚朝野。僅數月，陷關中各地，黃河南北，東西兩京。玄宗倉徨離京，駕幸四川，途經馬嵬驛，六軍不動，陳玄禮將軍誅楊國忠，魏方通、楊暄等奸佞，帝賜縊楊貴妃，以平眾怒。旋肅宗靈武即位，十五年八月，玄宗在四川下詔遜位；與高祖因玄武門之變遜位，均迫於勢。公元七六一年玄宗駕崩，享壽七十有八。

此次安祿山的叛亂，遠因是貞觀四年，突厥敗亡內附，經百餘年，其族蕃衍甚眾；近因玄宗有始無終，親平韋氏之亂，深知女子為禍之鑑，而自己又蹈之，致敗於女子。方其勵精圖治，開元之際，既成盛世，及其侈心一動，窮天下之欲不足為其樂，溺其所愛，忘其所戒。

安祿山，母為巫者，身為牙郎，偶立微功，遂大加寵遇，領三州節度使，轄地千里，總知馬牧，特委兵權，封東平郡王，尙書僕射，受天子獨尊，成一人之下，萬萬人之上，皇恩浩蕩，難塡虎狼之欲，不能以義制事，以禮制心，遂有向闕之兵，冀得非份之福。若用張九齡軍令之威，無留後患；或安祿山名位不高，則無奢望，群黎必不至於塗炭，萬乘無須越西川，此皆玄宗智昏爲禍之因。至於竄身失國而不悔，考其終始之異，其習性相違，竟至於斯，誠可嘆也！

朝廷爲國家之中樞，猶人身中樞的大腦，藩鎭羽護國家的和平、安全，猶人身之手足。宦官是帝君最親近之人，是神經中樞一部份，若手足不聽指揮，神經中樞腐傷，其對人身的影響實深。是故，玄宗以後各朝，因藩鎭擾亂，宦官弄權，內外交迫，政令不張，皇權斲喪，遂令唐祚滅亡。

藩鎭之亂，宦官之禍，均爲唐祚滅亡之因，爲便以敍述，現先撰述幾位較著名、禍國較深者的宦官。

宦官之禍

宦官又稱內官或中官。唐制：有內侍省，內侍四人，內常侍六人，內謁者監六人，內給事八人，謁者十二人，典引十八人，寺伯二人，寺人六人。別有五局：掖廷局，掌宮中簿籍。宮闈局，掌宮內門禁；其屬有掌扇，給事等員。奚官局掌宮人疾病，死亡。內僕局，掌宮中供帳，燈燭。內府局，主中藏給納。五局有令丞，皆內官爲之。太宗定制，省不置三品官，內侍是長官，皆四品；至高宗永淳末（公元六八三）近七十年，權未假於內官，僅在閣門守禦黃衣廩食而已。武后稱帝二十年間，增宦官員額三千人，超七品千餘，衣紫者尙寡。然玄宗在位久，崇重宮禁，中官稍稱旨者，即授三品，左右監門稱將軍。

開元、天寶間，長安：大內、興慶、大明三宮，皇子十七宅，皇孫百餘院；東都洛陽大內，上陽兩宮，大約宮人四萬人，三品黃衣已超三千，衣紫者千餘。引致以後各朝宦官，權位日隆，把持朝政，弒帝立君，爲所欲爲。按制：「帝崩必先書遺詔，以某嗣位，於新君內書某月某日柩前即位，以授受得其正。」何得由宦官自行毀立？

帝王之爲治也，內有宰輔卿士，外有藩鎮大臣，豈可令刑餘之人參預大政？況此輩皆帝王的家臣，比之臣家，即奴僕之流，封官賜爵，位至三公，實有失體制，有亂朝綱。

自穆宗後八帝，除哀帝由朱溫所立，由宦官所立者有六：王守澄立穆宗、仇士良立武宗、馬元贄立宣宗、王宗實立懿宗，劉行深立僖宗、楊復恭立昭宗。然則唐朝的衰敗，豈僅藩鎮之亂？蓋朝廷爲天下之本，人君者朝廷之本也，其本始不正，欲以正天下，其可得乎？

宦官，是帝君最親近之人，其爲禍多少與君主有關，故敍述宦官，必須簡述帝王與宦官的情形，且先後無法統一。

裴寂

李唐宦官之禍，嚴格說來，起自隋煬太原晉陽宮監裴寂，媚侍太原留守唐王李淵，淫亂隋宮，擅將妃嬪送與唐王飲酒侍寢，將金銀器物，供李淵父子造反，及唐王有國，挾恩邀寵，迫死開國功臣好友劉文靜。對李唐言可列開國功臣，以體制言，實隋之奸宦。

楊思勗

羅州石城人，本姓蘇，內官楊氏養子，有臂力，性殘忍，從臨淄王誅韋氏。玄宗登位爲監門衛將軍，開元間統兵平安南，五谿叛亂有功，加驃騎大將軍，封虢國公（宦官封公爵自此始）。後又平瀧州陳行範等叛亂，斬降卒六萬。楊思勗性剛決無人性，每征戰所得俘衆，多生剌其面，或扯去頭皮，將軍士卒，望風畏憚，莫敢仰視。

內給事牛仙童使幽州，受張守珪賄賂，玄宗怒，命楊思勗殺之，縛架上數日，探取其心，割肉啖之，其殘酷如此。

高力士

潘州人，本姓馮，少閹，內官高延福假子，景雲中（公元七〇九）玄宗在藩，傾心事之，韋氏亂政，隨臨淄王參預機密，及亂平，王昇儲位，奏力士屬內坊，擢授朝散大夫，內給事、銀青光祿大夫、行內待同正員。

玄宗登位，重視宮禁，中官稍稱旨即授三品將軍，故楊思勗、黎敬仁、林昭隱、尹鳳祥、高力士等均獲貴寵；楊則持節討伐，黎、林奉使宣傳，尹則主書院，其餘孫六、韓莊、楊八、牛仙童、劉奉廷、王承恩、張道斌、李大宜、朱光輝、郭全、邊令誠等爲殿頭供奉、監軍，皆委要職。監軍則權過節度將軍，出使得專征伐，郡縣供給，異於常規，金銀珍玩，所獲極豐，故京畿甲第，上田園池，中官參半於其間，皆力士的可否。

開元初，加右門將軍，知內侍省事；天寶初加冠大將軍，右監門衛大將軍，進封郡公，日侍帝君，言聽計從，進言納楊貴妃，即其定策，故權位之隆，無人可比。四方奏事，必先獲力士認可，才能上奏，小事便自行決定。帝常曰：「力士當上，我寢則安，」其寵信如此，宮中及帝君的事凡必躬親，小心謹愼，巨細無遺，常在宮中，少出外宅，盼冀吹噓，竭肝膽事之者：于文融、李林甫、李適之、蓋家運、韋堅、牛仙客、楊愼矜、王鉷、楊國忠、安祿山、安思順、高仙芝等因而取得將相高位，其餘不勝紀。

肅宗在春宮時，呼力士爲「二兄」，諸王公主，皆呼「阿翁」，駙馬呼「阿爺」。各方獻納，資產豐厚，王侯之家，難以比擬，但爲人有仁心，能施捨濟貧，建寺廟道場。一生謹愼，雖弄權納賄，並無大惡；然自肅宗以後，宦官用權相噬，紊亂朝綱，皆力士之由。

天寶中，華州袁思藝，特承恩寵，爲人驕倨，人疏之，力士巧密，人悅之。天寶十四年置內侍省，內侍監兩人，由高力士、袁思藝分任。玄宗幸蜀，袁思藝走投祿山，高力士從幸成都，進封齊國公，從上皇還京，加府儀同三司，賜實封五五戶。肅宗上元元年（公元七六〇），被李輔國誣搆，流配黔中，歷三年赦歸，於途中聞上皇崩殂，號慟嘔血而卒。

肅宗諱亨，玄宗三子，初封陝王，開元十五年封忠王，領朔方大使，單于大都護，二十六年立爲太子。安祿山叛，玄宗幸蜀，太子監國，率兵赴潼關，天寶十五年，即位靈武。

李輔國

本名靜忠，閑廄馬家的小兒，少閹，僕事高力士，天寶中入東宮，祿山叛，玄宗幸蜀，侍太子至馬嵬，獻計分兵趨朔方，扈從至靈武，勸太子即帝位，以繫人心。帝即位擢爲太子家令，元帥府行軍司馬，委以心腹，四方奏事，御前璽印、軍號，一以委之。不如葷，常爲僧行，手持念珠，人皆信其爲善。

長安光復，肅宗還京，賜名輔國，拜殿中監，宮苑營田總監，兼隴右群牧，京畿鑄錢，長春宮等使。至德二年（公元七五七）開府儀同三司，進封郕國公，宰臣百官奏事，皆由其上奏，多自行裁決，假天子之名，而謂制敕，無人敢異語。每出甲士數百，人不敢呼其名，只呼五郎。宰相李揆，執弟子禮，稱五父。輔國出身寒微，不爲上皇左右禮敬，乃矯誣高力士等獲罪坐流。八月拜兵部尙書，餘官如故，驕橫日甚，求爲宰相，帝曰：「以卿勳力，何官不可，但未允朝望。」因此，衆多異己者，遭逐退或受害。寶應二年（公元七六三）帝崩，年五十二，太子即位，是爲代宗。

代宗諱豫，肅宗長子，年十五封廣平王，玄宗諸孫百餘，上爲嫡皇孫，宇量弘深，寬而能斷，喜怒不形於色，仁孝溫恭，動必由禮，幼而好學，玄宗深愛之。祿山叛，肅宗即位，立爲太子，改封楚王，爲兵馬元帥，時賊鋒方銳，屢來侵擾，募選勇士，頻挫賊焰，扭轉頹勢，軍威大振，新店之役，一戰大捷；慶緖之黨，被殲七八，數旬之間，河南底定，兩都光復，統卒之功，無可以讓。及帝崩，皇后無子，懼上功高難制，乃陰引越王係入宮，圖將毀立，事機不密，被李輔國、程元振所悉，迎太子於九仙門，行監國之禮。

輔國有定策擁立之功，除原官如故，進號尚父，自此，行多驕橫，私奏曰：「主上但內宮安坐，外事由老奴處理。」代宗怒不遜，但其手握禁軍，不敢遽責，甚而政務巨細，皆暫委自決，五月加司空中書令實封八百戶。程元振欲奪其權，乘其有隙，奏罷李輔國判元帥、中書令，分授諸貴，移居外宅，李輔國始懼，茫然失據，欲入宮見帝，閽者止之曰：「尚父罷相，不合復入此門」。不久，盜入李輔國宅第，殺李輔國攜首而去。

程元振

以宦者入內侍省，累遷至內射生使，肅宗宴駕，與李輔國有迎上擁立之功。代宗即位，拜飛龍副使、右監門將軍、上柱國、知內侍省事，尋代李輔國判元帥行軍司馬，專制禁軍，加鎮軍大將軍，右監門衛大將軍，封保定縣侯，充寶應軍事，復加驃騎大將軍，封邠國公。是時程元振之權甚於李輔國，軍中呼「郎」，在未獲權時，曾有事請託襄陽節度使朱瑱，瑱不從，至是程元振手握兵權，徵朱瑱入朝拜兵部尚書，爲報私怨，誣朱瑱以罪坐誅。宰相裴冕，爲肅宗山陵使，有事與程元振相違，奏貶旋州刺史，朱瑱爲名將，裴冕爲元勳，二人被誣陷，天下方鎮皆解體。程元振更爲驕狂，不顧物議，任意非爲。吐蕃、黨項入寇犯京畿，下詔征兵，諸道兵無一至者。番兵至便橋，代宗倉皇出幸陝州，賊陷京城，府庫盪盡。太常博士楊伉上表切諫誅程元振，以謝天下。人怨沸騰，尤姑息不降罪，僅罷程元振官，放歸田里。稍後私自微服返京，圖不利於皇上，乃改流溱州，永久不得離開。

魚朝恩

天寶末以宦者入內侍，初爲給事黃門，性黠慧、善應對，通書計。肅宗朝，九節度討安慶緒於相州，不立統帥，郭子儀負責北伐，特派朝恩爲軍容使，郭子儀常立戰功，當代無出其右，心常妒之，屢行讒奸，肅宗英明，其間不遂。郭子儀忠心事上，殊不介意。後史思明再陷河洛，魚朝恩分統禁軍，鎭守陝境。迨代宗廣德元年（公元七六三），吐蕃，黨項入侵京畿，而李輔國、程元振先後弄權，人心渙散，禁軍不集，代宗被迫離京幸陝，輦至華陰，魚朝恩率大軍迎奉，六師方振，由是深加寵幸。京都收復，改爲天下觀軍容宣尉使。時四方未寧，萬務事殷，上注意國事臣民，神策禁軍委魚朝恩專典，出入禁中，軍權由是歸禁中。後吐蕃復侵援，魚朝恩屯兵苑中，將神策營分左右廂，爲天子禁軍，一切給養，他軍不能比。又以京城的好畤、鳳翔的麟游、普潤各軍皆隸神策營，翌年更以武功、扶風歸隸，朝廷不能制。

魚朝恩性本凡劣，持勳自驕，軍權在握，無所懼憚，時引腐儒輕薄文士於門下，講授經籍，習作文章，稍能把筆釋義，乃大言於朝士之中，自謂有文武才幹，以邀恩重。上優遇之，加封國子監事，光祿、鴻臚、禮賓、內飛龍、閑廐等使；赴國子監視事，特詔宰臣、百僚、將軍兩百餘人，皆稱學生。魚朝恩恣橫，求取無厭，凡有奏請，必允爲止，歷古幸臣，雖有其匹。大曆五年（公元七七〇），百官聯奏魚朝恩專橫，紊亂朝綱；而程元載更密令司官，詳記朝恩惡行，上知之甚怒，但軍權仍握其手，難以除之，只好待之如故。會寒食宴近臣，陰使人鴆之。

德宗諱適，代宗長子，在位二十六年，爲唐代除高宗、玄宗享國最久者。即位初，總視萬機，勵精圖治，思政若渴，視民如傷，天縱英才，文思秀茂。然生性猜忌刻薄，以強明自任，恥見屈於正論，而忘先朝受欺於奸佞。侍中蕭復，耿直忠貞，奏事逆上意，竟疑「輕己」；學士姜公輔，爲國家不畏危險，以身蹈之，謂之「賣直」；盧杞、趙贊奸佞之輩，深獲寵信，加以重任，以致敗亂。

朱滔叛，以「千里不同謀」，昧明仁心，不殺朱泚，遺患涇川之亂；朱泚叛逆，幸山南避禍。自魚朝恩誅後，內官不復典兵，以親軍委白志貞；志貞無行，納豪民賄賂，補爲軍士，取其名位，欺壓商民，實空籍而已。涇師之亂，帝敕禁軍禦賊，召集至再，無以應者，惟竇文場、霍仙鳴諸宦及親王左右隨行，乃罷白志貞官。左右禁旅，委竇文場、霍仙鳴分統。賊平還京，頗忌宿將，凡握重兵者，悉罷免。將左右神策、天威等軍，委宦官主之。

貞元十二年（公元七九六），特立護軍中尉兩員，中護軍兩員，以帥禁軍，由竇文場、霍仙鳴分爲左右中尉，焦希望、張尚進爲左右中護軍。自是神策、天威親軍之權，皆歸於宦官。而竇、霍之權，振於天下，藩鎭節將，多出禁軍，台省清要，時出其門，賄賂公行，無敢語者。竇文場屢加驃騎將軍，從此，萬機的予奪任情，九重的毀立由已。十四年霍仙鳴久病不癒，倉卒而死，上疑左右將食物加毒，配流者數十人，其受寵如此。稍後竇文場上表請辭歸田，上許之。

順宗名誦，德宗長子，爲人仁厚，在東宮二十年，天下陰受其賜者頗多；登位後，不幸風疾纏身，不能視事，由宦官李忠言、牛美人侍疾。凡有諭旨，口諭美人，宣於忠言，傳宣給宰相。時王叔文爲相，與其朋黨商議後，再下中書，一切政令，雖曰帝敕，實王叔文之意也，故其權傾天下。王叔文欲奪禁衛軍權，無人異議，唯宦官劉貞亮與爭，知其朋黨方熾，慮危朝廷，乃與忠義內官劉光義、薛文珍、尙衍、解玉等密謀，奏帝請立廣陵王誦爲太子，處理軍國大事，順宗可之。貞亮遂召學士衛次公、鄭絪、李程等入金鑾殿，草立儲君詔。及太子內禪，盡逐王叔文朋黨，政事悉歸忠直舊臣，時議讚劉貞亮之忠藎。屢遷至右衛大將軍，知內侍省事。順宗元和八年卒。上思其翊戴之功，特贈開府儀同三司銜。

憲宗諱誦，順宗長子，在位十五年，德宗朝，政不委宰相，庶政獨自執行，奸佞之徒，得以倖進。順宗朝政，雖由宰相治理，但因風疾不能視事，由宰相主政，致王叔文弄權，將危社稷。帝即位後，深知利弊得失，勵精圖治，凡事與群臣商議，常至傍晚，軍國樞機，盡歸宰相，共策政務，剛明果斷，立志平叛，能用忠謀，不惑佞議，自奸宦見誅，強藩悍將，皆多悔改，效順朝廷。由是中外咸理，紀律再張，誅除群盜，睿謀英斷，唐室中興，拭目可待，惟其之立，是宦官之功。

吐突承璀

吐突承璀幼宦東宮，性機敏，有才幹。憲宗即位，受內常侍，知內省事，左監門將軍，再受左軍中尉，功德使，元和四年（公元八〇九），王承宗叛，詔以吐突承璀爲河中、河西、浙西、宣歙等道鎮州行營兵馬招討等使。內侍省常侍宋惟澄，爲河南、陝州、河陽等館驛使。內官曹進玉，劉國珍、馬江朝分爲河北行營糧料館驛等使。御史切諫，皆言自古無中官爲兵馬統帥者，乃改爲招撫等使。經年無功，串王承宗上疏待罪，許以罷兵，代爲求節度使；誣奏昭義節度使盧從史素與賊通。人揭其僞，降爲軍品使，俄復爲左尉上將軍，知內侍省事，深受寵信，凡欲爲藩鎮朝官，皆賄賂可得。惠昭太子夢，吐突承璀建議立澧王寬爲太子，上不納，立遂王宥。公元八二〇年，帝被內官陳弘慶等所弒，穆宗即位，唧吐突承璀不助己，誅之。

小人能敗國，不必愚君悖主，雖聰明睿智如憲宗，苟有所惑，未有不爲害者也。

穆宗諱恆，憲宗三子，帝遭弒崩，由宦官王守澄、中尉馬進潭、梁守謙、劉承偕、韋元素等冊立。即位後，以王守澄知樞密使。其時文風極盛。韓愈、白居易、元稹、李德裕等均是佼佼者。但對宦官掌典禁軍，弄權賣官，無力除害。帝因國事蜩螗，宦官弄權，政令不行，大權旁落，禍患未除，人神共怒。甲第名園之賜，全是伶官，紫袍玉綬之榮，無非閹宦。其時高品白身千餘，內則參秉戎機，外則濫臨藩獄，內外交迫，憂時傷事，復遭弒殺。在位僅三年。

敬宗諱湛，穆宗長子，十六歲登基，由宦官劉克明、田務成、許文瑞擁立，在位三年，被宦官劉克明、田務成弒殂。

文宗諱昂，穆宗次子，宦官王守澄所立。王守澄於憲宗朝爲徐州監軍，穆宗、敬宗朝知樞密事，今立上有功，加封驃騎大將軍，右軍中尉，四朝老宦，權勢無人可比。鄭注原是醫卜之士，博通經典，聰明過人，與人相交，無不歡悅，在徐州時與王守澄交厚，及王守澄知樞密事，引入宮中，穆宗待之甚厚，現又得幸於文宗，依倚王守澄，大爲奸弊。文宗以憲宗朝逆黨尙在，且益壯大，心常憤惋，端居不歡，翰林學士宋申錫，沉厚有方略，用爲宰相，陰擬平宦亂，謀未果爲鄭注所察，王守澄令軍吏誣之謀逆，乃坐貶，自是權傾朝野。

宰相李逢吉從子李訓，與鄭注交好。李訓有才幹，權謀、機詭萬端，二人情誼相得俱爲王守澄所重，引李訓入禁中，帝待之甚厚，窺知帝意，有除宦之心，乃陰爲之。時宦官仇士良亦有翊上之功，爲王守澄壓制，位未顯貴。訓奏用仇士良，分守澄之權，乃以仇士良爲左軍中尉。王守澄不悅，兩相矛盾，太和九年（公元八三五）李訓乘其互鬥之際，奏帝賜酒酖王守澄；時王守澄弟守涓爲徐州監軍，密召進京途中殺之。王守澄豢養李訓、鄭注，反罹其害。王守澄已誅，李訓欲盡誅宦官，乃典兵入宣政殿院，誅殺宦官，死者甚衆。而仇士良等宦官率禁軍反撲，入東上閤門，逢人即殺，宰相王璠、郭行餘及朝臣王涯、賈鍊、舒元輿等屍橫閣下。自是權歸仇士良、魚弘志，宦官之勢益熾。

文宗在位十四年，是能為國為民之帝，恭儉儒雅、出於自然，承父兄奢弊之餘，當閹寺擅權之際，而能以治易治，化危為安，可謂明矣。帝性仁孝，憲宗郭皇后居興慶宮，曰太皇太后，敬宗母寶曆太后及上母蕭太后，時呼三宮太后。帝常赴三宮問安，其情如一，每有所奉，宮人輒曰帝賜，帝誡之曰：「應稱奉」，其賢孝如此。

武宗諱瀍，穆宗五子。宦官仇士良殺陳王美、晏王溶所擁立，在位六年，以李德裕為相，政治清明，績效裴然，但因信宦官之言，除佛崇道，求長生不老之術，服食丹藥過度，非智者所應為，年僅三十四歲崩殂。

仇士良

仇士良字匡美，循州興寧人，順宗時入侍東宮，憲宗即位，遷內給事，出監平盧、鳳翔等軍。文宗太和九年（公元八三五），涯、賈、諫等反叛，力克事平後，加封特進右驍騎大將軍。開成末年（公元八四〇），仇士良立武宗，封楚國公，賜紀念碑。宣宗大中五年，以仇士良密護保全參贊中朝，帝念功錄舊，詔翰林學士鄭薰撰神道碑。

仇士良智勇權謀，獲升為大宦，終至專權恣意，雖曰為清君側，扶危救難，但殺伐太甚，毫不留情，被操家捕殺者其衆。蓋權位愈高，樹敵亦愈多。據廣東、興寧等誌略：大宦官仇士良，歿葬原籍興寧神光山；惟歷史家先後多方考查，無獲甚墓，追查歷代籍隸迄今，更無仇氏，豈當時恐樹敵報復，故囑其後人隱姓埋名乎？古來宦者當權，終非帝朝之福。因非其份，紀史不敢恭維也。即邦國士人、君子，亦不敢恭維也。

宣宗諱忱，憲宗十三子，宦官馬元贄所立。三十七歲登基，生性外晦內明，沉默寡言，精於聽斷，以察爲明，視瞻特異，器識深遠，歷四朝的禍患，深知朝政紊亂，人間疾苦。自敬宗寶曆以來，宦宮擅權，事多假借，京師豪強，大擾人民。帝登位後，親賢臣，遠小人，權豪斂跡，奸佞畏法，閹人垂氣，由是刑政不濫，賢能效用，百姓安居，親沭德政，十餘年間，頌聲載道，近百年來所未見。

懿宗諱漼，宣宗長子，宦官王宗實所立，二十四歲登基，承父皇遺德在民，內外安靜，是太平皇帝，在位十四年崩殂。

僖宗諱儇，懿宗五字，宦官劉行深所立，十二歲登基。乾符三年（公元八七六），黃巢爲患，遍及全國，京都陷落，避難西川，內則宦官弄權，外則強盜壓迫，政治混亂，人民流離，政績毫無可言，在位十四年被弑殺。

田令孜

田令孜本姓陳，懿宗朝隨義父入內侍省爲宦，頗知書，有謀略，自諸司小監使，監鎮用兵，累遷神策營中尉，左監門大將軍、左右神策、護駕十軍等使。黃巢爲盜，京師棄守，從僖宗幸蜀，鑾駕返京，田令孜頗有匡佐之功；因此，威權頗大。時關中寇亂初平，國用虛竭，諸軍給養不足，田令孜奏請以安邑、解縣兩池鹽課稅，全歸神策營。詔下，原轄河中節度使王重榮申覆。田令孜怒，派王處存爲河中節度使，重榮不奉詔，田令孜率禁軍討之。王重榮引太原軍爲援，戰於沙苑，禁軍大敗，京師復亂。僖宗出幸寶雞，又幸山南，方鎭皆怒田令孜生事。田令孜懼，引前樞密楊復恭代己，從幸梁州，求爲四川監軍，四川節度使陳敬瑄，即其胞弟。

楊復光

內常侍楊玄介之養子，幼以宦者入內侍省，慷慨負節義，有謀略，由小黃門至鎭監兵征討，曾屢諭黃巢歸順，巢亦能聽勸，被招討使阻撓，未竟全功。朱溫棄賊降朝廷，亦其傳諭之功。李克用鎭雁門，因太原之阻，未能勤王，楊復光從中疏解，始得雁門之軍勤王。京師陷賊，節度使周岌受僞命，隻身往勸，左右勸曰：「周公歸賊，必謀害內侍，不如勿往」。楊復光曰：「事勢如此，義不圖全。」即往；酒酣，周岌言及本朝事，楊復光因泣曰：「丈夫所感者恩義，而言利害非丈夫也，公自匹夫享公侯之貴，豈捨十八葉天子，而北面臣賊，何恩義利害之可言乎？」聲淚俱下，周岌亦爲之感涕曰：「吾不能獨力拒賊，貌奉而心圖之，」乃瀝酒爲盟。楊復光與討賊諸軍三敗黃巢，收復京城，與其子楊守亮、楊守宗常身先士卒，克敵致勝，居功甚偉，不幸於中和三年六月病死河中，年僅四十二歲。楊復光雖黃門近幸，然慷慨有大志，善撫士卒，及死之日，軍中痛哭竟曰，身後平賊立功者，多是其部下或門人故將。

昭宗諱曄，懿宗七子，宦官楊復恭所立。詔宰相韋昭度鎭西川，節度使陳敬瑄抗旨不受代，田令孜且引閬州刺史王建爲援，而叛朝廷，時稱「三川大亂」。王建素以父事田令孜，時方亂川東，聞召以西蜀可圖，乃引兵至漢川，陳敬暄以王建素雄豪難制，深受其忌，拒不合作。王建遂遣使上表，請討陳敬暄以自效。朝廷嘉之，乃急擊成都，陳敬暄計窘，遣田令孜出城議和，王建竟自爲蜀師，酖陳敬暄，殺田令孜。

楊復恭

貞元末中尉楊志廉之後，父楊玄翼於懿宗朝掌樞密，以父故，幼爲宦，入內侍省。知書、有學術，常監諸鎮兵。僖宗朝父死，楊復恭繼父位爲樞密使，寖代田令孜爲右軍中尉、觀軍容使，封魏國公。由是內外經略，皆出於楊復恭。僖宗宴駕，有迎上踐祚之功，加開府、金吾上將軍，專典禁軍。既軍權在手，頗擅朝政，昭宗惡之。國舅王瓌，與楊復恭有隙，奏授黔南節度使，楊至福柏江覆舟而歿，物議歸罪楊復恭。上每欲廢之，均因其假子楊守立爲天威軍使，勇冠六軍，欲罪楊復恭，恐楊守立爲亂，乃故示好復恭，召守立在左右，賜姓李名順節，恩寵特異，受鎮海軍節度使，同平章事，勢居樞要，乃與楊復恭爭權。大順二年（公元八九一）詔楊復恭致仕，賜扙履。楊復恭心懷怨憤，後與假子楊守信，以討李順節爲名，舉兵犯闕。帝詔李茂貞、王行瑜討之。楊復恭及楊守信兵敗被殺，搜獲致仕後與守信書曰：「吾以荆蓁中立壽王，有如此負心門生天子，既得大位，乃廢定策國老。」其不遜如是。

楊復恭以後，宦者西門重遂爲右軍中尉，李茂貞討楊復恭，併山南，兵強將勇，干預朝政，宰相杜讓能與重遂謀誅之，興師，爲李茂貞敗，乃以內官駱全瓘、劉景宣爲左右軍中尉。乾寧二年（公元八九五），李茂貞、王行瑜引兵入朝，殺宰相韋昭度、李谿。河南節度李克用，率師渡河駐渭北。茂貞、全瓘與宿衛將閻圭，脅天子幸歧州。李茂貞以太原問罪，乃誅全瓘、閻圭以自解，昭宗幸華州後，宦宮之勢稍微。

昭宗於光化元年（公元八九八）還宮，內官景務修、宋道弼復專國政，宰相崔胤深惡之，因此不睦。後景務修、宋道弼坐事賜死。崔胤以宦官樞密使劉季述、王奉先爲兩軍中尉。崔胤原惡宦者，竟去景務修、道弼，又由劉季述、奉先執掌禁軍，且外結朱全忠，以爲黨援。二年十一月六日，劉季述等矯詔以皇太子監國，遂廢昭宗，奪傳國寶璽授太子。將昭宗與何皇后宮嬪數人，幽居東宮。劉季述以手杖劃地數上罪狀云：「某日某事，你不從我言，其罪一也」等等，其悖逆如此。且令兵圍東宮，不得與外通，以溶錫錮鎖孔，天寒地凍，無被褥禦寒，哀號聲聞戶外，以穴牆通食者兩月，其情至慘。

崔胤等誅劉季述、王奉先，迎昭帝復位，改元天復。十一月李茂貞與兩軍中尉韓金誨、張弘彥劫帝往鳳翔，朱全忠勤王，圍之經年。李茂貞殺韓全誨等宦官二十二人首級送朱全忠營求和，全忠乃迎昭宗還長安。詔以宰相崔胤兼判六軍諸衛。

崔胤復掌權，深惡宦官屢爲禍害，乃上奏曰：「高祖、太宗承平時，無內宮典軍旅。自天寶以後，宦官寖盛，貞元、元和羽林尉爲左、右神策軍，以便衛從，令宦官主之，唯以二千人爲定制。自是參掌樞機，內務百司，皆歸宦者，上下彌縫，共爲不法，大則傾覆朝政，小則構扇藩方，車駕頻致播遷，朝廷漸漸微弱，原其禍作，始自中人。自先帝臨御以來，陛下纂承之後，朋儕日熾，交亂朝綱，若不剪其本根，終爲國之蟊賊。內諸司使務宦官主者，望一切罷之，諸道監軍使，並追赴闕廷，即國家萬世之福也」。

昭宗覽奏，知宦官之爲禍極深，且親歷多次禍害，乃詔曰「宦官之興，肇於秦、漢。趙高、閻樂，竟滅嬴宗。張讓、段珪，遂傾劉祚。肆其志則國必受禍，悟其事則運可延長，朕所以斷在不疑，是天永命者也。先皇帝嗣位之始，年在幼沖，群豎相推，奄專大政。於是毒流宇內，兵起山東，遷幸三川，幾淪神器。迴鑾之始，率土思安，而田令孜妒能忌功，遷搖近輔，陳倉播越，患難相仍。洎朕纂承，益相侮慢，復恭、重遂逞其禍，道弼，季述繼其兇，幽辱朕躬，凌脅孺子，天復反正，罪己求安，兩軍內樞，一切假借。韓全誨等每懷憤惋，曾務報讎，視將相若血仇，輕君上如木偶。未周星歲，竟致播遷；及在岐陽，過於羈紲。上憂宗社傾墜，下痛民庶流離，茫然孤居，無所控告。全忠位兼二柄，深識朕心，駐兵近及於三載，獨斷方誅於元惡。今謝罪郊廟，即宅宮闈，正刑當在於事初，除惡宜絕根本，先朝及朕，乃致播遷，王畿之甿，減耗大半，父不能庇子，夫不能室妻。言念于茲，痛深骨髓，其誰之罪，汝輩之由。

帝王之爲治也，內有宰輔卿士，外有藩翰大臣，豈可令刑餘之人，參予大政？況此輩皆朕之家臣也，比於人臣之家，則奴隸之流。恣橫如此，罪惡貫盈，天命誅之，罪豈能捨？橫屍伏法，固不足矜，含容久之，亦所多愧。其第五可範已下，並宜賜死。其在畿甸華同、河中，並盡底處置迄。諸道監軍使下，及管內經過並居停內使，敕到並仰隨處誅夷訖奏聞。己令準國朝故事，量留三十人，各賜黃絹衫一領，以備宮內指使，仍不得輒有養男。其左右神策營，並令停廢」。

是日諸司宦官及其餘宦者數百，皆斬首於內侍省，或笞死京兆府，諸司一切罷之，皆歸省寺。自是京城宦官幾絕，無復爲禍。昭宗斬盡殺絕，人多非之。然百餘年來，宦官弄權，任由廢立，親受其害者再，故有清除餘弊之決心，惜爲時已晚，國祚旋亦覆亡。

天祐元年（公元九〇四），朱全忠弒殺昭宗，在位十六年，僅三十六歲。其九子祝，由朱全忠擁立，是爲哀帝，僅三年遜位給朱全忠，唐祚遂亡。

自古亡國，未必皆暴虐之君，其禍亂之來有漸積，及其大勢已去，雖有智勇，有不能爲者，可謂眞不幸也。昭宗爲人明智，初亦有志復興，而外患已成，內無賢佐；亦曾思得非常之材，而用非其人，徒以益亂，誠可嘆也。

藩鎮之亂

李朝有國二百九十年，十四代，二十一帝。自高祖至玄宗天寶十五年，近一百四十年，雖歷高宗、中宗朝武、韋兩后之亂，而貞觀之治，國基穩固，並未動搖；又經開元之治，天下太平，人民安樂。惟自安祿山叛亂以後，朝廷威望和力量，大爲衰退。爲應付外亂威脅，。不得不加強各地方武裝力量，期能有效維持治安，因而正式採用「藩鎮統治制度」。各地方設置軍事區指揮官，以進行統治管理。久而久之，朝廷控制權，愈來愈弱，各軍事區形成半獨立王國，互相攻擊侵奪，造成藩鎮割據局面。

藩鎮制度，帥強叛上，或父死子繼，或取捨由士兵。主帥死亡，往往自擇將帥，號爲「留守」，以邀命朝廷。天子顧力不能制，忍辱含垢而撫之，謂之「姑息政策」。姑息起於兵驕，兵驕由於方鎮，姑息愈甚，兵將愈驕。由是號令自出以相侵擊，虜其將帥，謀其土地，天子審視不知所爲，反爲其和解。以肅宗末年，幽州、河北諸鎮節度使，雖表向順，從未朝覲。一品方面大員，從未朝覲，實古今奇聞。如代宗朝：

李正已擁有：淄、青、齊海、登、萊、沂、密、德、棣、曹、濮、徐、兗、鄆十五州。

李寶臣擁有：恆、定、易、趙深、冀、滄七州。

田承嗣擁有：魏、博、相、衛、洺、貝、澶七州。

梁崇義擁有：襄、鄧、均、房、復、郢六州。事實上既成爲名實相符之小王國。

藩鎮之亂，起自玄宗朝范陽兵變，雖時間很短，蹂躪卻遍及東西兩京，黃河南北，關中山東，造成李朝後期十三帝，一百五十年，政局動盪，遍地烽火，田園荒蕪，民不聊生，流離失所，餓殍遍地。李朝因此而亡。戰亂連續至五代十國，長達兩百餘年，影響深遠，歷古未有。

各鎮軍權，遞相傳奪者，百數十人，除郭子儀四朝元老、李光弼、李晟及少數藩鎮，一秉忠誠，始終爲國效忠外，多是自私自利，爲慾望而拚命，爲權勢而效忠。藩鎮之亂，安祿山以後，從未停止。著者：安祿山、史思明、朱泚、黃巢、朱溫，而朱溫且篡唐稱帝。

安祿山

營州柳城雜種胡人，先人於貞觀朝突厥敗亡時歸附內地，母爲突厥族女巫，轉嫁安波至將軍之兄安健偃，因而姓安。及長，能通六種番語，臂力過人，在范陽節度使張守珪部下爲牙將，曾違犯軍令，執送京師，論罪當誅，玄宗赦之。宰相張九齡諍諫曰；「穰苴出軍，必斬莊賈，孫武教戰，立斬宮嬪，守珪軍令必行，祿山不宜免死。」上特赦，九齡又言：「軍令必須禁嚴，以警來茲，祿山狼子野心，面有逆相，請因罪斬之，以絕後患」。上不聽。後匈奴來犯，安祿山與史思明協力擊退，以驍勇聞，年二十八爲平盧兵馬使，性巧黠，善逢迎，厚賂往來，乞爲好言，結高力士、李林甫、牛仙客爲奧援。

天寶元年（公元七四二）爲平盧節度，攝中丞使，入朝奏事，玄宗重之。三年代裴寬爲范陽節度使，稍後，兼河北採訪使，平盧等使。九年五月加封東平郡王，節度使封王自此起。十年兼河東節度使，有子十一人，長慶宗任太僕射，且尚郡主，次慶緒任鴻臚卿，其餘諸子成年者，皆有封賞，一門顯赫，少有其匹。

玄宗對安祿山賜爵封王，置豪華宅第，華清池賜浴，且不避內外，賜與楊貴妃內宮相見；楊家昆仲姊妹，結爲兄妹，寵遇之隆，無人能比。然而，祿山竟狼子野心，暗藏陰謀，迷戀貴妃美艷，以半百之年，拜少艾貴妃爲母，野史說：「與貴妃通淫」。正史雖無記載，但李太白爲貴妃所寫三首詩：

雲想衣裳花想容，春風拂檻露華濃；

若非群玉山頭見，會向瑤台月下逢。
一枝紅艷露凝香，雲雨巫山枉斷腸；
借問漢宮誰得似，可憐飛燕倚新粧。
名花傾國兩相歡，常得君王帶笑看；
解識春風無限恨，沉香亭北倚欄干。

高力士以「借問漢宮誰得似，可憐飛燕倚新粧」的詩句，向貴妃進讒說：「她像漢成帝的皇后趙飛燕有外遇，影射她和安祿山私通，」太白因此失寵被謫。高力士報復李太白醉寫嚇蠻書時，脫靴之恨。

安祿山陰謀叛逆，在范陽北築城，外示禦寇，實則內貯武器、糧秣、戰馬。身爲郡王兼三州節度使，帶甲數十萬，轄地千里，位居關中，富饒地區，近帝王都城，凡有奏請，無不允准。十三年請兼隴右馬牧，陰選上好腳馬，盜往范陽。十四年十一月，僞詔誅楊國忠，率胡、漢兵馬十五萬反叛。

天下太平日久，民不知兵，朝廷聞變驚恐，詔禁衛軍禦賊。而各軍皆國忠及其黨朋任用的市井商販，平時食祿養閑，欺壓百姓，不知戰陣之方，一旦有變，聞風敗退，不數月，東西兩京，黃河南北，關中內外，皆爲賊陷，玄宗避難四川。

天寶十五年（公元七五六），安祿山在長安稱帝，是爲燕國，年號武聖元年。安祿山叛，肅宗即位靈武，詔郭子儀、李光弼等九節度使勤王，圍鄴賊兵，屢敗安祿山，收復恆、定，固守崤、函，賊焰大抑。

安祿山體肥，長久帶倉，及叛逆後，事務煩忙，眼漸昏花，翌年不能視物，且患疽疾，日益加重，正月朝賀，因瘡痛中止。影響所及，心情急燥，稍不如意，即懲罰左右不已，又聞其子慶宗，被朝廷斬首，變本加厲，竟以斧鉞鎚擊戰士。將士不堪其虐，遭其子慶緒、部將嚴莊、侍衛李豬兒刺殺。安慶緒繼位，旋被史思明誘殺，父子二人叛不及三載。

史思明與安祿山同鄉，自幼一起長大，同立邊境微功，知平盧軍使，年四十始遷大將軍，北平太守。隨安祿山叛，爲王師所敗，率胡、漢兵三萬，投降朝廷。李光弼等知其勢窮歸降，後必復叛，密謀誅之，又叛。安祿山死，自稱燕王，立年號，後爲孽子朝義所殺，四年而滅。

安、史之亂，時間不滿六年，而影響唐祚及藩鎮至深至遠。

朱泚

幽州昌平人，幼壯偉，善騎射，武藝出衆，外若寬和，內頗奸詐，輕財好施，征戰所得，輒分部屬，是以爲衆所崇敬。初隸李懷仙部爲牙將，改經略副使。

代宗大曆三年（公元七六八），幽州大都督節度使李懷仙，被部將兵馬使朱希彩所殺，自爲節度使。希彩爲人苛刻，人不堪其苦，部衆殺之。倉卒之際，難覓主帥，朱泚之弟朱滔陰使人高呼：「朱副使可爲將，」一呼百應，遂爲留守。奉表進京，拜檢校左散騎常侍，兼御史中丞。八年三月拜幽州、盧陵節度使，幽州長吏。九年九月奉表請進京朝覲，獲准又請以弟滔領三千兵赴京防秋。

幽州、河北諸鎮，自天寶末年以後，爲逆亂之地，李懷仙、朱希彩等節度使，名雖向順，從未朝覲。朱泚身爲節度使，卒先上表朝覲、防秋，除准奏外，詔修甲第待之。朱泚至京城，帝御內殿賜見，封賞甚厚。乃請留朝，奏其弟滔爲御史中丞兼幽州節度使，獲准。仍以河陽、永平防秋，由郭子儀統領。汴、宋、淄、青兵由朱泚統領。

德宗嗣位，加朱泚太子太師，鳳翔尹。建中元年（公元七八〇），涇州裨將劉文喜叛亂，加朱泚四鎮北庭行軍涇州節度使，與諸軍討之。涇州亂平，加中書令還鎮鳳翔，封舒王，遙領涇原節度使，二年加太尉。朱滔叛，稱冀王，與李納、田悅並稱王，南結李希烈。朱泚恐懼，帝慰之曰：「千里不同謀。」三年四月以張鎰代泚爲鳳翔、隴石節度使，留朱泚在京，加實封由三百至一千戶，與一子正員官，其幽州、盧陵節度使、太尉、中書如故，其受榮寵如此。

四年，李希烈叛，圍襄陽哥舒曜，詔涇原節度使姚令言率兵救之。因賞賜不足，兵出城至滻水，倒戈叛亂，姚令言不能制。帝令神策營拒之，詔再三無人至，叛兵迫近京畿，上與太子諸王妃，倉卒離京，駕幸奉天，朱泚留守京城。叛兵進城，以朱泚曾統涇州，知其失權，閑居怏怏，群寇無帥，乃迎爲主。朱泚至含元殿，沿途民衆夾道，萬人觀迎；明日登白華殿，仍稱太尉，勸迎鑾駕，以安民心。而衆堅稱天命難違，自是意決。

朱泚已背叛，稱大秦皇帝，號應天元年（公元七八三）立朝廷，封官吏、立兄子遂爲太子，遙封尙在河北弟朱滔爲冀王，寖又改爲皇太弟。李忠言、張光晸繼至，咸以官閑積憤，樂以爲亂。鳳翔、涇原大將張廷芝、段誠諫，各以潰卒殘兵投效。朱泚認是人民擁戴，衆望所歸，實則朝臣歸者寥寥，行列僅十餘人，侍衛皆卒伍。

明年改國號爲漢，稱天皇元年，二月，河中節度使李懷光叛，遣使與朱泚通和，因此，唐朝官史潛匿者，出受僞官者十之七八，聲勢之大，較安祿山爲強。李懷光之叛，先與朱泚通好甚密，以錢穀金銀互贈，朱泚與書，事之如兄，約云：「削平關中，當割河山，永爲鄰國。」及李懷光叛，朱泚竟下僞詔書，「待懷光以臣禮」。李懷光爲所賣，既羞且愧，初擬擄劫在奉天的帝君，以挾迫諸藩，事朱成，又爲朱泚賣，乃掠涇陽、三原、富平，憤而回河中。時朱泚盜據京城，李懷光圖反噬，李納虎視河南，李希烈爲禍汴、鄭，河朔僭稱帝王者三人。

朱泚稱帝後，自領兵侵迫奉天，蟻聚之衆，軍勢頗盛，以姚令言爲元帥，張光晸爲副，屢敗官軍，朱泚益驕狂。然各地節度將軍，由合川郡王、檢校右僕射兼河中尹、又兼京畿渭北節度宣討使李晟駐渭橋，聯合河中節度兼靈州都督渾瑊，華州節度使駱元光，雲州節度使杜希全，神策營尙可孤等忠貞節將，極力抗禦，時得時失，無法掃平關中，黃河南北，與冀州連結，穩固政權。

連年征戰，毫無進展，影響軍心，將帥不和，相互猜忌，軍兵疲累，潛生怨望；且遭各軍團圍剿，連番失利，被迫困守京城。各地軍團分屯四周，其中李晟駐東渭橋，與駱元光、尙可孤聯軍進屯光泰門；公元七八五年四月二十六，知賊以精銳住苑中，恐在巷內戰爭，傷及人民，乃直攻苑中，擊敗賊軍，收復京城。泚與姚令言、張庭芬等率數千人西走，沿途逃竄者甚多，奔至涇州僅百餘騎。涇州守將田希鑒，原則副將，朱泚叛，殺守將馮河淸，獻城降賊。朱泚遁至此，閉門不納，乃由張庭芬入城勸希鑒，曉以曾殺守將，朝廷不會寬諒，朝臣也難相處，因此，答允從朱泚。張庭芬據以邀功，請授己尙書平章事。朱泚不從，張庭芬求宰相不成，乃與朱泚不和，不再入涇州，從朱泚至寧州彭寧縣西城屯駐。與朱泚心腹愛將朱惟孝共射傷朱泚，左右韓旻、朱進卿等共殺之，斬首獻朝廷，死年僅四十三歲。

朱泚死，田希鑒以閉門邀功，李晟奏曰：「涇州近西域，叛亂不斷，希鑒反覆無常，應斬之以儆效尤」。准奏，乃親往斬之。

朱泚之亂，德宗若能在其弟朱滔叛時，即以斷然手段處之，則未必有涇原兵變，未必有奉天危急。故爲君者，當審時度勢，當斷即斷，絕不能以婦人之仁，反受其害也。

黃　巢

曹州人，販鹽爲業。僖宗乾符元年（公元八七四），歲饑荒，人多爲盜，河南尤甚。里人王仙芝、尙君長聚盜，起於漢陽，寇掠河南十五縣，又攻唐、鄧、安、黃等州，攻城掠邑，陷漢、鄆，時議畏之。詔令兗州節度使齊克讓討伐。乃引衆曆陳、許、襄、鄧州，所過之處，擄走壯男，號衆三十萬，繼陷江陵，又陷黃州，以尙君長爲使，表請收編。不允，且殺君長，先後令王鐸、楊復光討伐，歷五年始平。

僖宗幼主臨朝，號令出於臣下，朝令夕改，迭相矛盾，以致朝政混亂，紀綱敗壞，時多朋黨，奸佞讒勝，君子道消，賢智憤懣，退隱草澤，旦夕有變，天下離心。尚君長弟君讓，因兄奉表入朝見殺，憤而於乾符三年（公元八七六），約衆入楂牙山爲盜。翌年，黃巢、黃揆兄弟八人，自沂海率盜數千人，入山依讓，月餘聚衆至萬，乃陷汝州，擄刺史王鐐，掠關東爲食，沿途屢敗官軍，衆增至十萬尚君讓等推黃巢爲帥，號沖天將軍，委派官職，成立衙門，藩鎮不能制。

黃巢之起，草澤豪傑，智謀之士，憤懣朝廷，從而趨附，乃馳檄四方，所有論列，皆指朝廷之弊，奸佞弄權，蓋士人不得志之詞也。黨徒既盛，乃與王仙芝聲援。仙芝敗，餘衆陸續趨附。准南鎮將高駢，遣人說降，陰諾之，於天長鎮擄受降將軍張粦，並擄其衆，請朝廷收編。時宰相鄭畋，顧人民疾苦，奏請授同正員將軍，以罷戰爭，爲權臣反對。人衆食繁，中原各地，連年戰爭，糧食奇缺，迫於情勢，經湖湘，越嶺南，再乞爲安南都護，廣州刺史，亦不允。至是巢擁衆自重，欲據南海之地，永爲巢穴，以時制宜，坐邀朝命。不意北人南，遷水土不服，又年荒大疫，士衆死者十之三四，勢迫北歸，以圖大利。

廣明元年（公元八八〇），北踰五嶺，竄經湖、贛、浙、江、逼廣陵，守將高駢閉關自安，無敢攔截。所過關邑，望風投降，九月渡准，十月十七日陷東部洛陽，留守劉允章，率司官迎迓。繼攻陝、虢，陷華州，迫潼關。朝廷以田令孜率神策、博野等營十萬馳赴防守。時兩營禁軍，皆長安富族，世籍兩軍，平素豐衣厚祿，高車大馬，以事權豪，欺壓百姓，自少迄長，不知戰陣，今聞召集，父子聚哭，憚於出征，各以市值萬計，傭顧負販屠沽，病弱窮困，以爲替補，持刀弄戟，虛有其表；復任宦者爲帥，驅之守關。關左有谷，可通行人，平時捉稅，禁人出入，謂之禁谷。及巢衆至，僅守關而不守谷，以爲既官禁，賊不能踰，天眞如此。而尙君讓、林言由禁谷長驅直入，夾攻潼關，官軍大敗，直迫京城。十二月三日，僖宗自開遠門倉徨夜走，趨駱谷，諸屬相繼奔命。金吾大將軍張直方，率在京兩班文武，迎於灞上，五日長安陷賊。

黃巢入長安，十三日僭帝位曰「大齊」，號金統。以崔璆、尙君讓、趙章、楊希古四人爲宰相，孟楷、蓋洪爲左右軍中尉，費傳古爲樞密使，王璠爲京兆尹，許遠、朱貴、劉瑭爲軍庫使，朱溫、張言、彭攢、季逵，爲諸大將軍，四面檢校使，其甥林言爲軍使，監控各軍。其餘各官職，悉依唐制。氣勢之盛，冠安祿山、朱泚。

中和元年（公元八八一），尙君讓寇鳳翔，鄭畋敗之於龍尾坡，馳檄天下諸藩勤王；諸藩響應。涇原，土弘夫屯渭北；河中，王重榮屯沙苑；易定，王處存屯渭橋；鄜延，拓拔思暮屯武功；鳳翔，鄭畋屯盩屋；邠寧，朱玫屯興中；忠武之師屯武功。勤王之師四合，成犄角之勢，相互聲援。自安祿山叛亂，曾集九節將討賊，但無此次協力同心，聯手討賊爲最。鄭畋部將竇玫，驍勇善戰，智慮愼密，常率死士百人，夜襲京城，火燒諸門，斬賊首級而歸。

京畿及關中各地，百數十年來戰爭不息，田園荒蕪，民不聊生，城市空虛，賦稅無入，糧食騰貴，斗米三千。張直方爲金吾大將軍時，與朝中權貴多有往來，及迎賊後，忠義之士，走避不及者，多匿民家，因無糧爲食，改匿直方家，仇者告密「納亡命，謀叛逆。」巢令攻其第，滅其族。

二年九月，賊將同州防禦使朱溫，率衆投降河中節度使王重榮，歸順朝廷，封左金吾大將軍，賜名全忠。十一月李克用率代北雁門之師，自夏陽度河，駐屯沙苑。

中和三年三月，拜朱全忠爲汴州刺史、宣武節度使，四月諸鎭兵集擊黃巢，敗賊於梁田坡，乘勝攻華州，賊將黃揆棄城，追擊至渭南，決戰三次，大敗賊軍，黃巢敗走，京城收復。

五月，陳州刺史趙犨斬黃巢愛將孟楷。七月，巢走藍田關，陷蔡州，秦宗權叛附巢，遂圍陳州。在城北五里建宮闕，謂八仙宮，遊走唐、鄧、汝、孟、鄭、汴、濮、徐、兗等十數州，人民罹毒殺者無數，所謂「殺人如麻」，即在此時。且賊無糧，虜人爲食，日殺數千。賊有春磨砦，巨碓數百，納生人於臼，碎而食之。其慘絕人寰，史未之見。

四年李克用率山西諸軍，解陳州三百日之圍。各賊軍接連失利，勢焰日弱，其將葛從周、張歸厚、李讜、楊能等先後降順朝廷，尙君讓率萬人降時溥。賊營將士，自相猜忌，拚殺營中，殘存無幾。黃巢乃敗遁，走中牟、又走封丘，挺身東走至泰山狼虎谷，爲其甥林言所殺。

黃巢之亂，爲害社稷人民，可謂甚矣。然考其所起，必有其來，且無關於天時，宜決之於人事。黃巢草澤微人，萑蒲賤類，因年荒歲饑，躡王仙芝、尙君長之踪，志在招撫，謀非遠大，一旦長驅江表，徑入關中，見帝王蒙塵，謂寶命在我。僖宗若能知人疾苦，惠彼窮困，從鄭畋之謀，赦群盜之罪。如此，黃巢不會犯闕，鑾輦無須出走，人民不致塗炭，差之毫釐，失之千里，蛇螫不能斷腕，蟻穴所以壞堤，當斷不決，遺患無窮，可為殷鑑。

朱溫

宋州碭山人，隨黃巢為盜目，及黃巢僭位，封大將軍，四面檢校使。中和二年九月（公元八八二），黃巢勢漸弱，呈顯敗象。時朱溫為同州防禦使，常為河中節度王重榮所敗，屢請巢增兵，均被黃巢愛將中尉孟楷所阻。朝廷派員說降，其門客謝瞳認為：「黃家起於草莽，乘唐衰亂，投其隙而取之，非有功德興王之業，豈足共成大事？今天子在蜀，諸鎮兵集，以謀復興，是唐德未厭於人也。且將軍力戰在外，庸人制於內，豈能成功。」朱溫乃叛巢，殺監軍嚴實，率衆三萬降王重榮。僖宗嘉之，賜名全忠。從此眷遇甚隆，歷封金吾大將軍、潼關防禦使、檢校司空、汴州刺史、御史大夫、宣武節度觀察使、沛王、梁王、吳興郡王。

中和三年，秦宗權叛，連兵十萬，遣其弟秦彥亂江淮、秦賢擾江南、秦浩陷襄陽、孫儒掠孟、洛陝、虢、長安，僖宗逃離西川。張晊陷汝、鄭、盧、瑭，攻汴州。賊首均驃悍慘毒，所至廬舍為墟，屠殺人畜，燒掠郡縣，東至青徐，西至關內，南出江淮，北至渭猾，魚爛鳥散，人烟斷絕，賊無以食，啖人維生，關東郡邑，多被攻陷，唯趙犨守陳州，朱全忠保汴州，城外皆爲戰場。後朱全忠聯合兗、鄆節度使，屢敗賊軍，兇焰始日弱。後被其勇將申叢執秦宗權送汴州，全忠因此立大功。

光啟元年（公元八八五）宦官田令孜擅權，爲爭鹽稅，率禁衛軍討伐河中王重榮，戰於沙苑，禁軍大敗，京師大亂，帝幸寶雞，又幸山南，梁州，幸朱全忠營，以玉帶賜之。僖宗返京，朱全忠平亂有功，封汴州刺史，沛王。總領蔡州四面行營兵馬都統。

昭宗登位，號龍紀元年（公元八八九），詔宰相韋昭度鎮西川，節度使陳敬暄不受詔。西川監軍田令孜引閬州刺史王建爲援，時稱三川大亂，帝封朱全忠爲梁王。天復二年（公元九〇二），宰相崔胤引朱全忠誅宦官，李茂貞、王行瑜劫帝居鳳翔，朱全忠率兵勤王，聲討茂貞，陷河中、華州，圍鳳翔經年。李茂貞迫於無奈，斬兩軍中尉韓全海、張弘彥等宦官二十二人首級，送朱全忠營求和。

天復三年（公元九〇三），朱全忠迎帝還長安，封吳興郡王。朱全忠從此脅天子令諸侯，控制全局避免在關中爲衆藩攻奪，鞏固自己實權，乃捨棄長安是非之地，於天祐元年（公元九〇四），遷帝於汴州，升汴州爲開封府，改稱東京，原東都洛陽，改稱西都。自此，汴州爲皇都，歷五代、北宋二百二十餘年。八月朱全忠部將蔣玄暉弒昭宗，殂年三十八歲。扶昭宗九子祝爲帝，年才十三歲，是爲哀帝。

哀帝即位，因其爲朱全忠所立，各地仍遵昭宗天祐年號。哀帝身爲君主，言不由己，令不己出，一切以朱全忠行事，實傀儡皇帝。天祐四年（公九〇七），被迫禪位，唐祚至此遂滅。

朱全忠篡唐後，是爲梁朝始祖，復原名溫，封哀帝爲濟陰王。翌年二月二十一日遇害，年僅十六歲。史稱哀帝或昭宣帝。

長安城在陝西，西安市又名惠城，始於漢朝。惠帝孝惠三年（公元前一九〇）築成，周六十三里，王莽篡漢，赤眉踵至，飽掠焚燒。光武中興，改都淮陽（洛陽），迨董卓始遷回，李傕殺樊稠，挾天子焚宮殿，第二次浩劫。五胡亂華，十六國主要國家均曾爲都城，但既荒涼。五胡十六國前秦苻洪之孫苻堅，公元三五七—三八四年，用王猛爲相，政治修明，百廢已興，欣欣向榮，苻堅引進佛教，西域高僧鳩摩羅什，公元四一七年，被後秦所滅。東晉、夏、北魏不復爲都城，至後周始復建。隋文帝又築西安，東西十八里，又一百一十五步，周六十五里，城高十八尺，東三門：春明、通化、延興。南三門：明德、啓夏、安化。西三門：金光、開遠、延平。北只光化一門。唐代安祿山，公元七五六，吐蕃七六三朱泚七八三，黃巢八八〇年，長安先後陷落，朱溫遷都汴州，自此以後各朝，未再以長安爲都城。

唐之亡也，宦官、藩鎭內外相乘之害，遺毒蔓延至五代十國數十年，以致天下分裂，大壞極亂之後止。考其禍亂之源，其漸積實非一朝一夕所成。

藩鎭之亂，安祿山以後，此伏彼起，難以詳述，惟著者：安祿山暴斃，朱泚見誅，黃巢受戮，秦宗權乘之，肆行暴虐，掠奪郡邑，終雖滅亡，遺禍至深。

朱溫僅爲賊目，黃巢竊帝位，而爲將軍，寄以方面；巢勢漸弱，見利忘義，倒戈相向，叛降朝廷。斯時也，正氣凜然，義聲載道，封王賞爵，賜名全忠。然狼子野心，慾壑難填，既獲高官，又冀非份，有幸近侍帝君，竟挾之以令諸侯，寖且遷都汴州，篡竊神器，弒昭宗，立哀帝，迫禪位，復殺之，自立國號，身登九五。自古「仁者昌，奸者滅」，王莽、曹操，先後篡漢，僅十年和四十餘年，可知有國者，必屢世行仁積德，非僥倖可致，朱溫之篡唐，豈能久乎？

唐史與五代、北宋關係

百官志：起居郎二人從六品，掌錄天子起居法度。天子御正殿，則郎居左，舍人居右，有命，俯首以聽。貞觀初，以給事中諫議大夫兼起居注，或知起居事。每議政事，起居郎一人執筆錄於前，史官隨之。復置起居舍人，分待左右，秉筆隨宰相入殿……早朝日有起居注，月有時政記，年有日曆，帝崩，綜修之以爲實錄，均由史館整理編入國史，一朝國亡，代之者修爲正史。

朱溫篡唐稱梁國，例應爲唐修史。然溫雖有國，統治地區，僅東都洛陽（改西都），汴州（東都開封）附近。關中、河北各地，仍藩鎮林立，統治者都稱王稱帝，儼然是獨立王國。自唐亡以後五十餘年，戰爭不息，掠奪不已，直至趙匡胤得周禪而立國爲宋，才稍平息。

藩鎮割據，是以繼唐朝之都城爲正統，長安數次火焚，已成廢墟，昭宗時遷都汴州。朱溫滅唐時，汴州是京城，據而爲帝。各軍頭目標以入據東都爲志，就是唐宋末五代擾亂的主因。最後剩下三大藩鎮：河東晉王李克用、鳳翔岐王李茂貞、汴州東平王朱溫；而朱溫實際既代唐而有國。

在半世紀中據有東都，先後有五，分別是：梁、唐、晉、漢、周，因以前均有此五國號，爲便以分別，史多以「後」稱之。另有十國，不屬本文，不加贅述。

唐史（書）有二，一成於「後晉」，一成於「北宋」，爲瞭解脈絡，先簡述五代遞嬗，以明當時修「唐史」情形。

後　梁

朱溫於公元九〇七年，篡唐而有天下，稱國號梁，自爲大帝，以汴州爲京城，稱東都，洛陽爲西都、轄地僅東都附近，各地藩鎮都未歸附，甚而稱王稱帝，均想進佔京都，以窺天下。朱溫、江蘇人，唐僖宗時，隨黃巢爲盜，累積軍功，由小頭目而爲叛軍團方面大員，爲人機伶，又富謀略，當黃巢勢弱，倒戈降唐，獲高官厚爵，賜名全忠。黃巢敗亡後，成爲唐朝重要藩鎮之一，雄據汴州，是倖運投機者。

朱溫，因出賣舊主人黃巢起家，又篡奪唐室，反覆無常，同打天下的伙伴，心懷疑慮，不肯心悅臣服，甚而陽奉陰違。朱溫又用陰謀，藉故殺害功臣。因此，梁皇朝一直處於血腥殘殺之中，並無平靜政情。溫性好色，不單部屬妻女，多被侵犯，連自己弟媳、兒媳都不放過。終因爲繼承之爭，被三子朱友珪弒殺。

朱友珪「青出於藍」，比其父更嗜殺、更好色，加上弒父惡名，親族大臣，心懷不服，終於引發血親骨肉相殘，當皇帝不到一年，龍驤軍團叛變，擁護其弟朱友貞，友珪被迫自殺。

朱友貞即帝位，是爲梁王朝末帝。爲人優柔寡斷，不信任部屬，對後唐強敵，毫無因應對策，造成後梁皇朝，唯一抗敵勇將王彥章軍團，後援不繼，兵敗被害。從此逐漸衰敗，卒被李克用之子存勗滅亡，歷三帝十六年。

後唐

李存勗即位稱莊宗號同光元年（公元九二三），自承是唐高祖後裔，實是沙陀人。對漢人非常苛刻，進行大規模剝削政策。自己重視享樂，不顧人民死活。即位不久，耗資百萬，日役萬人，造大型宮殿，容納從全國各地擄掠而來的三千美女，以致百姓民窮財盡，連軍隊都無糧可食。史載「莊宗在位……四方饑餓，軍食匱乏，有賣兒貼婦以維生，道路怨咎。」大臣鄭崇韜進諫，竟被誣造反，全家抄斬。引起唐皇朝最大兵團李嗣源叛變；嗣源是莊宗養子，李存勗在亂軍中被殺。

李嗣源即位，是爲明宗。明宗出身寒微，雖不識字，較能體諒民間疾苦。即位後，立刻取消對漢人的苛政。中原百姓，歷經劫難，至此始有喘息機會。但明宗年歲已大，且倉卒奪得政權，基礎不穩，在諸子互爭繼承權，引發連續內鬥，嗣源無力控制，憂憤而死，由三子從厚繼位。

從厚繼位，是爲閔帝。內鬥局面，閔帝仍無法控制。在衆大臣和軍團互攻中逃離京城。明宗養子潞王從珂，率大軍入京城平亂，由太后下詔，從珂繼位。

從珂即位，是爲閔帝。內鬥局面，閔帝仍無法控制。在衆大臣和軍團互攻中逃離京城。明宗養子潞王從珂，率大軍入京城平亂，由太后下詔，從珂繼位。

從珂即位，仍稱潞王，號清泰。進攻京城時，爲鼓勵士氣和各軍團支援，曾言入城後，軍士人賞百緡，孰料成功後，發現國庫所有，不夠發獎金，乃向百姓預借稅金，此舉又遭百姓大表反對，只好取消此令，轉而減少獎金，士兵又不滿意，使後唐皇朝，籠罩一片危機和暗潮。

從珂和石敬瑭，是李嗣源的養子和女婿，所屬兵團左右勇將，善戰著名，若能同舟共濟，一心一德，則政局或能安定，五代歷史，可能另書新頁。然而，兩人平時意見不和，現在從珂當上皇帝，敬塘心中自是不服，其時雖鎮守河北和山西廣大土地，但估算自己的力量，不足戰勝從珂，因此，向契丹借兵入侵中原。後唐軍團在長期內戰消損下，不堪一擊，將士便紛紛投降。從珂和嗣源之妻曹太后，登玄武樓自焚。後唐歷四帝十三年。

後　晉

石敬瑭即帝位，稱高祖，號天福元年（公元九三六）。帝位靠契丹出兵幫助得來，不顧顏面，以四十五歲尊三十四歲的契丹主耶律德光爲父皇，自稱兒皇帝，以示恭順；並割北方軍防重鎮燕雲十六州，以酬其功。燕州是現在北京；雲州是山西的大同，十六州，包含兩省各州。對日後中原政局，影響深遠，後繼王朝連宋朝以及元朝，四百多年一直被外族統治，無法做好北方軍防，直至明朝才收復。

石敬瑭在位期間，政治還算安定，百姓也能安居樂業，也爲李唐皇朝，纂述「唐史」，完成後梁朝應做未做之責。但石敬瑭在位不滿六年，死後由其姪石重貴繼任，是爲出帝。

出帝即位不久，和契丹衝突。鎮守太原節度使劉知遠，在馬家口戰役，曾有大敗契丹戰績。出帝聽信謠言，竟以疑猜，不再重用，引致各軍團離心、猜忌！且契丹需索無盡，國庫空虛，乃派官吏搜刮民財。主管財務官員，假公濟私，上下其手，引致民怨沸騰。在這關鍵時刻，契丹主耶律德光，督軍南征，後晉軍團，各懷鬼胎，無心作戰，統率大軍駙馬杜威，不戰而降。出帝根本不及備戰，京城便被攻陷，後晉就此亡國，前後兩帝共十一年，以燕雲十六州廣大土地，換來短暫帝位，其價值之昂貴，實難計算。

當耶律德光，攻陷京城，自任皇帝。河東節度使劉知遠，由所屬軍團擁護下，在太原稱帝（公元九四六），仍延用後晉年號天福十二年。契丹對漢人非常苛刻，稅賦奇高，刑罰嚴峻，各地人民紛紛暴動。耶律德光深爲所苦，藉口北返避暑，將京城國庫和民間財物，掠奪一空，沿途亦搶掠屠殺，不幸在途中一病不起，契丹軍隊很快退走。劉知遠知道契丹撤軍，迅速率兵南下，未經激烈戰鬥，順利進入京城。

後漢

劉知遠爲帝，稱高祖，延用天福年號，後改乾祐，公元九四七年，自稱漢高祖劉邦的後裔，實是沙陀人。即位後，採寬容政策，安撫後晉王朝藩鎭和軍團，儘速進行整合，連不戰而降契丹，造成後晉亡國的杜威，亦恢復官職，封爲楚國公。因此，中原很快恢復統一和安定局面。然而，知遠登位不到一年，突得重病去世。兒子劉承佑繼位，是爲隱帝。

隱帝爲鞏固政權，強化公權力，以強制手段，整肅異己，後晉王朝諸軍團，原已降服，復遭迫害，連楚國公杜威，亦被藉故全家抄斬。因此，鳳翔節度使王景崇，西安軍團趙思綰，護國節度使兼中書令李守貞，共同謀叛。其中以自稱秦王李守貞，在同州宣告獨立，力量最大，史稱「三叛連兵」。

隱帝討伐叛逆大軍，連續戰敗後，乃召回劉知遠時親密戰友，鎭守太原統帥郭威，任爲軍前招諭安護使，統合各路軍馬，共討李守貞聯合叛軍。

郭威原是支持劉知遠最力的兵團領袖，因此，後漢王朝成立時，仍令鎭守北方重鎭鄴郡。郭威治軍寬厚，和士卒同甘苦，能虛心接納部屬意見，聲望極高，頗受愛戴，連叛軍中幹部士兵，對郭威也很尊敬。聽說郭威統領討逆軍，已影響叛軍士氣。郭威更公開表示：不想和叛軍短兵相殺，採長期包圍戰，招降叛軍。果然城兵紛紛出降，李守貞被迫自焚，叛亂很快敉平。

「三叛連兵」平定後，隱帝爲對抗日益驕縱權臣，竟和御前親信李業，策動流血政變。大臣楊邠、史弘肇均遭殺害，郭威和楊、史關係不錯，竟被列爲同黨，在京家人全部遇害，連嬰兒也不免，更下令郭威軍團中將領，擒殺郭威。各將領不但不遵敕令，反誓死效忠郭威，並要求領軍攻汴京，以清君側。乃下令養子柴榮，鎮守鄴郡，監視契丹，親自領兵攻入汴京，隱帝逃入民間，被亂兵所殺。

郭威入城，在太后旨意下，立劉贇爲帝。契丹聽說中原內亂，便南下攻擊北方重鎮饒陽。太后下詔，郭威代表皇帝，率軍禦敵。大軍行進至澶州，軍團將領集合在郭威面前，表示「劉家已是仇敵，不能再支持劉家子孫，」扯下代表皇帝的黃旗，被在郭威身上。郭威迫於衆意，乃分兵留澶州，防禦契丹，自率大軍回城，上表太后，願奉爲母。太后乃下詔，授郭威監國符璽，即位皇帝，是爲後周太祖。高祖劉知遠在位不到一年，隱帝在位三年，合計不滿四年，是中國史上最短命王朝。

後周

郭威有國稱太祖，改國號周，廣順元年（公元九五一），在五代諸帝中，可算是個好皇帝。即位後立刻廢除唐末以來，一切苛政嚴刑，改革賦稅制度，以減輕人民負擔，採用寬容政策，積極召回淪陷在契丹統治區的漢人，給予耕地、種子及糧食，協助重建家園。各地軍團對郭威有極高的向心力，特別在北方作戰的主力部隊，使郭威在位期間，中原軍力，有效遏阻契丹南侵。在位四年病逝，由養子柴榮繼位。公認在五代十國中最英明的皇帝。

柴榮即位稱世宗，號顯德，柴榮出身寒微，賣過雨傘、茶葉小販。因此，深知民間疾苦，痛恨貪官污吏，剝削行爲。即位後，進行政治、軍事、經濟改革，實行清明政治，整肅軍紀，嚴禁擾民，懲貪治污，裁減冗員，提高行政效率。改編軍隊，淘汰老殘，節省經費。取消傳統士大夫免稅特權，增加稅收，達到公平原則。另外勸農桑，獎工業，擢拔人才，澄清吏治，修訂刑法，使刑不濫施，法不輕行，建立積極有為的革新政府。

北漢（十國之一）國王劉崇，以郭威新逝，柴榮年經，在契丹支援下大舉南侵，準備擊滅後周王朝。柴榮不顧大臣反對，御駕親征。兩軍在高平對峙，後周大將何徽、樊愛能臨陣逃脫，使軍團陷入苦戰。柴榮親冒矢石，情勢雖危，仍不懼怕，毫無怯意，宿衛大將軍趙匡胤，乃對軍團將領大聲疾呼：「主公危急至此，我們怎能不致力殺敵。」說罷，卒先衝入敵陣，兵團將卒均以一當十，奮力死戰，力挽劣勢，殺得北漢軍屍橫遍野，大敗北遁。

高平戰役後，即將樊、何處斬，軍團重編，有效遏阻唐末、五代以來驕兵悍將惡風，通令各地招募亡命山林豪傑，編組成禁軍，由皇帝直接指揮，殿前都虞侯趙匡胤挑選其中最強者，組成殿前諸班，使成為現代化，作戰力強的兵團。

柴榮率領此一兵團，打得北漢無還手之力，企圖乘勢收復石敬瑭所割讓的燕、雲十六州。這時契丹主耶律述光，是糊塗皇帝，北征軍進行非常順利，一口氣收復寧州、瀛州、瓦橋關、益津關等十七州縣。契丹兵幾乎聞風而逃，眼見情勢大好，收復燕、雲十六州山河在望，柴榮卻突得重病，不得不班師回朝，不久便去世，年僅三十九歲。由年方七歲的兒子柴宗訓繼位，是為恭帝。

柴榮去世，事出突然，幼主臨朝，又在戰爭期間，各軍團因此極不穩定；御前都檢點趙匡胤兵團，在奉命出征至離城數十里的陳橋地方，軍兵嘩變，黃袍加身，擁趙爲帝，改國號爲宋。後周歷三帝十二年而亡，結束五代紛爭局面。

唐朝國史纂編簡述

唐朝，由高祖李淵至玄宗七朝，是承平時期，各帝的起居注、時政記、日曆、實錄、國史，在後唐雖多戰亂，保存整理仍很完善。肅宗至文宗八朝，僅有實錄，餘皆闕失。武宗以後六朝，一則時在戰亂，史官之職廢除，根本無起居注。再則長安城數度淪陷，且被火焚，所有文物資料，付之一炬。宋史藝文志所載「武宗以後六朝實錄，除武宗一卷外，皆由賈諱、宋綬根據士大夫抄稿，或民間傳說整理，最後由宋綬之子敏求掇補而成」。

唐亡以後三十六年，「後晉」高祖石敬瑭，於天福六年（公元九四一）詔修唐史，別置史館，命戶部尙書張昭遠兼判院事，起居郎賈緯、秘書少監趙熙，吏部郎中鄭受益、左司員外郎李爲光，同修纂事，以宰相趙瑩監修。因武宗以後六朝，只有武宗實錄一卷，餘皆闕失，奏請「所闕實錄，下敕購求。」趙瑩以「唐武宗之前，皆有實錄，總輯各實錄而成一書者爲國史。唐修實錄國史者，皆當代名手，如令狐德棻，始纂武德、貞觀二朝國史。高宗、武后、中宗、睿宗朝，吳兢時任吏事，纂「貞觀政要」十卷，纂武后實錄時，因武三思、張易之監修，諸多阻撓，未能據實秉筆，爲勢所迫，事多不實。乃私纂「唐書」「唐春秋」未成，出爲荊州司馬，以史草自隨。會蕭嵩領國史，奏遣使就吳兢處取其書，凡六十餘篇，此第一次國史。開元天寶間，韋述總撰百餘卷，此第二次國史。肅宗命柳芳、韋述掇拾吳競所輯國史，起於高祖，迄於肅宗乾元，凡一百三十篇，此第三次國史。後柳芳謫巫州，高力士亦貶巫州，從力士言中，知天寶後事，仿編年法爲「唐曆」四十扁，然止於代宗。宣宗時詔韋澳、李荀、張彥遠、蔣偕，分年撰次至憲宗三十卷，此第四次國史。中葉遭安祿山之亂，末造又遭黃巢、李茂貞、朱溫等之亂，長安屢陷，盡行散失。懿宗朝宰相韋保衡與蔣仲、皇甫煥，曾撰武宗、宣宗兩朝實錄，皆遇多事，未見流傳，時隔至今，僅六十餘年，諒韋、蔣等子孫及門生故吏，或現在職官吏，或有抄記，若能提供，不論多少，不論年月，均有助於編纂。」帝可之，乃廣爲搜購，訪尋遺失，近代傳聞，諸家小說，由天福六年（公元九四一），至開運二年（公元九四五），以五年時間，掇輯成兩百卷；計本記二十卷，禮儀、音樂、曆、天文、地理、職官、輿服、經籍、食貨、刑法等志三十卷，列傳一百五十卷。凡一百七十餘萬言，以「唐史」進呈，因與高祖諱塘，「唐、瑭」同音，「史、死」又近音，乃將「史」改爲「書」，是爲「唐書」。書成翌年，後晉被後漢所滅。

唐書所據藍本，前期主要出於令狐德棻、吳兢、韋述、柳芳等相繼撰成的國史一百五十卷，其餘幸有賈緯之「唐年補遺」，及趙瑩特命搜購之史料。於是繁瑣冗雜，難以裁剪。「曆志」、「經籍志」，僅敍至玄宗時，列傳於唐末人物，缺失尤多，甚至一人兩傳。然而，成於喪亂之際，難免疏於整合統一，且修撰至最後兩年，晉、遼戰爭方殷，倘再不成書，往後能否有成？將不得而知。是故，雖不完整亦有補於後人，惟其時戰亂頻仍，印刷術又未發明，致抄本甚少，誠爲可惜！

唐書之成，致力最多，始終其事者，應爲張昭遠，以如此龐雜巨著，短短五年，豈能完成？實則張昭遠在十年前即在搜集整理資料，著手撰編，論功行賞，無可以讓。

北宋眞宗咸平五年（公元一〇〇二），有意別修「唐書」，因事擱置，越四十三年，仁宗慶曆四年（公元一〇四四），賈昌期始建議重修，翌年，詔王堯臣、張方平、宋祁等撰修，久而未成。至和元年（公元一〇五四），乃命歐陽修主撰唐書，紀、表、志。宋祁撰列傳。范鎭、王疇、宋敏求、呂夏卿、劉義叟共同編修。宣宗以前資料，多從「唐書」，以後則搜購遺文，廣徵博採，雖小說傳言，亦加整理。且後晉修「唐書」時，曾有搜購，時隔百餘年，遺籍已出，足供採取，補前書所缺遺，有莫大助益。故曆、天文、五行、地理、兵、儀衛等六志，皆用新書爲正文。而禮、職官、輿服、刑法、經籍等五志，仍用舊書爲正文。選舉、食貨，則新舊參比。總計全書二百二十五卷；紀十卷，志五十卷，傳一百五十卷，表十五卷，凡二百二十餘萬言，於仁宗嘉祐五年（公元一〇六〇）上表，前後凡十七年。

新書成後，南宋、元、明、淸各朝，凡所引述「唐書」，多指新書，甚至新舊不辨，有不詳者始引舊書。因此，後人認爲新書較舊書爲勝，坊間也多採新書。舊書因當時尙未刊刻，抄本又少，遂至逐漸湮沒。至司馬光撰「資治通鑑」所用唐書，是北宋初所刊刻的中秘本，距撰時已百年。由此，始受一般人重視，但傳抄不易，少有刊本。惟明朝嘉靖十七年（公元一五三八），餘姚人南畿，念舊本漸少，懼其就湮，遍加查訪，得吳縣延喆、長州張汴，獲南宋紹興初刻，舊書流傳明朝，此書最古。

後晉、北宋版「唐書」，歷數百年，「新、舊」不分，僅稱「晉」版、「宋」版，或唐書而已，直至清朝英武殿編「四庫全書」，特置兩版唐書於正史，並「舊、新」分刊。其時印刷術已盛行，民間仍少有舊書單行本，其式微甚矣。

唐史補述

唐祚二百九十年，從高祖至肅宗，恰為半紀，其史冊完整。後紀遭逢戰亂，僅述梗概，宦官與藩鎮之禍，亦僅述概略。

新、舊唐書，綜計四百餘萬言，新書較舊書多四十萬言。蓋唐初五代國史，是史家令狐德棻、吳兢、韋述之手，落筆嚴謹；中葉以後，令狐垣等雖非史才，敍事尚為務實。宣、懿以後，既無實錄可稽，史官採訪，意在求多，故卷帙滋繁，事跡矛盾亦甚。如高祖創業之君，在位九年，紀僅六千餘言，哀帝政在強權，在位不盈三載，而紀竟一萬三千餘言，其謬誤如此。

舊唐書二百卷，分卷頗不劃一，如帝紀有一帝一卷者：高祖、武后、肅宗、代宗。一帝二卷者：太宗、高宗、玄宗。兩帝一卷者：中宗、睿宗、順宗。又有一帝分上下卷者。按例一帝一紀，而竟錯雜不一，二十一帝，而紀只有二十卷。

列傳中一人一卷，惟李密、魏徵、李晟、陸贄、裴度、郭子儀（郭傳併列其子孫十餘人）。少者二三人，多者如肅、代、德、懿四帝諸子列傳，多至三十餘人。后妃三十四人，只列上下兩傳。

善惡本應分卷，以類族辨物，使薰蕕異器，一覽了然。而姚崇邪佞，與狄仁傑同傳。王及善、杜景儉、朱敬則，皆屬淸正，而楊再思小人與之同卷。僕固懷恩之叛，辛雲京所釀成，竟與李光弼同卷。類此情形甚多，以致忠奸不辨，善惡難分。新唐書稍有改善，類此仍多，使讀者增加困難。

太宗賢明，注重綱紀，尊重史臣，史官亦能稱職，秉筆直書，無所懼憚。太宗對爲非罪惡之事，深爲戒愼恐懼，常曰：「朕行有三，一考前代得失，以爲鑑戒。二進善人，共成政道。三斥遠群小，不受讒言。朕守之而弗失，欲史者不能書吾惡也，」其惕勵如此；史官在太宗之世，見重如此。據此，史權與帝權，足以制衡，爲「貞觀之治」的原因，亦未爲不可。

唐代之亂，雖在玄宗末期，而安祿山之亂，實玄宗寵遇過隆所造成，藩鎮之亂，由此種因，若野草燒之不盡。宦官之禍，玄宗朝高力士權傾朝野，雖未見力士有重大禍害。然而，肅、代兩朝宦官用權之人，如：楊思勗、李輔國、程元振、魚朝恩等，實高力士之由，皆玄宗朝所遺；試想三品宦官超三千，衣紫者千餘，此數已是一個小朝廷的大臣和軍隊數目，而且封王賜爵，比之一品大員尤過之。權位人之慾也，又安得不為禍？由此觀之，唐代藩鎮之亂，宦官之禍，玄宗實難辭其咎。

唐初數帝，皆處天下太平，政務得失，帝君事績，撰述較多。肅宗以後，政令不張，多在戰亂，撰述較少，甚而僅記述登基情形；如敬宗、懿宗只有五十餘言。且各朝帝王和宦官為禍情形，有時在前，有時在後，偶有兩朝關連，故採順序寫法，不管帝王宦官，隨事演變進行。

新、舊唐書，合計四百餘萬言，若深入探究，非三五年難竟其功。短短兩年時間，撰成本篇，無可諱言，只是皮毛而已。除帝王本紀，后妃及文中有關各志、傳，較有深入探究外，其他無關本文之志傳，只選擇性閱讀。宦官既以「禍」為主，忠義者就少敍述。藩鎮之亂，肅宗以後，無日不亂，只述幾個較著者，忠義藩鎮將軍，均未列載。

後記

本篇以「榮枯得失話唐朝」為名，經兩年閱讀「新、舊」唐書，擷錄掇輯，業既脫稿。一個與中學無緣，學識膚淺，敢掇編錯縱複雜之史學，膽大妄為，實難以想像。本篇之成，緣於公元一九九一年，七十母難日，深感人生在世，短短數十寒暑，一身如寄，姑不論個人成敗得失，在人生歷程中，留一鱗半爪，予子孫後代瞭解前人生活歷程，明白家國淵源，體認傳統，重視傳統，並致贈親朋好友，聊以誌念。乃撰生平八十篇。輯成「萬里萍踪憶浮生」。書成之後，得好友周伯乃、陳史恆、魏彥才諸君以實際行動鼓勵良多。

老年人，多以牌桌、書桌消磨餘暇，悠度餘年。爲不負諸君愛護鼓勵至意，乃摒棄牌桌，專心讀書，雖自知駑馬庸材，難有所成，但冀有寸進耳。

台北市中央圖書館，藏書豐富，偶閱「貞觀政要」，興起尋找唐代史跡之意，乃逐日閱讀「唐書」，擷其精義，湊輯成本篇，不敢以寫「史」自欺，實深深感悟：要潛心讀書，必須以寫爲目標，始能朝著方向，鍥而不捨。以讀而寫，爲寫而讀，相輔相成，讀寫不輟，此撰述本篇之意也。

史學是錯縱複雜，閱讀撰述，都必須細心謹慎查考，客觀引證、分析、綜合結論，落筆殊難，稍一不慎，必錯誤百出。唐史有舊書、新書之分，前紀國史，記載頗詳，後紀因戰亂不斷，難以確認。本篇僅浮光掠影，不足以言「史」，是自己學習寫作而已。爲求文意順暢，內容有長短，文字有繁簡，而原意則同，亦無假借。文中偶有編者之言，是個人淺見，不敢言「史評」。

史必由正，此司馬遷刑餘之人，冒生命危難，勇往直前，堅忍不拔，義無反顧，卒成鉅著，光耀萬世。褒貶由己，此司馬光褒牛僧孺，而貶李德裕，蓋牛雖奸佞，對戰爭與溫公妥協苟安態度相合。清朝文淵閣四庫全書，世稱巨著，竟將岳飛所寫滿江紅中：「壯志饑餐胡虜肉，笑談渴飲匈奴血」；改爲：「壯志肯忘飛食肉，笑談欲灑滿腔血」。蓋南宋時，「胡虜、匈奴」是泛指「遼、金」，即清代受新覺羅族群。故讀史應明時代背景及編纂者心態，方不致爲所迷。

倫理綱常盡蕩然，帝王朝政宦官權；
貞觀十卷餘悱讀，遺緒空哀數百年。

爭霸爭權往複來，九州到處戰場開；
爲王爲帝終塵土，萬里河山是戲台。

一九九五年四月載於世界論壇報

宋朝開國三君臣

宋朝開國三君臣

楔子

唐太宗李世民建立的皇朝，直接統轄的版圖之廣和種族之多，在中國史上佔有輝煌亮麗的一頁。爲了有效管理每個地方的文化、民情、風俗之不同，因地制宜，設立了各個不同的機構和法則，均能適應民情，治理良好，成爲「貞觀盛世」；但到了玄宗「安史」之亂以後，人民對朝廷的信賴威望和力量，已逐漸減弱，爲應付外敵威脅，乃採用「藩鎮統治」制度，賦予各藩鎮負責人軍事和政治權力，期望藉此加強各地武裝力量，以維持地方治安。

藩鎮制度形成後，朝廷的控制權，卻愈來愈弱。各藩鎮的轄地通常是一個州，後來有些藩鎮竟轄有兩州或三州，轄地千里，逐漸形成半獨立王國。負責人很多擁兵自重，目無綱紀，對朝廷聽命不聽調，私自擴充實力，統帥死亡，以子爲繼。爲爭奪地域，互相攻伐，互相吞併，朝廷不單不能管制，甚而有時還得出面調解。這一情形影響到以後的政局，卒使中唐以後擾亂不已而至滅亡。

唐代是以長安為政治中心，末代哀帝，受制於朱溫，遷都汴京（開封）。政治中心遷移以後，誰佔有汴京，就是皇帝。因此，唐滅以後，佔有汴京的繼位順序是：梁、唐、晉、漢、周，史稱為五代，因為以前有過這五個朝代，史家均加一個「後」字，以資分別。

五代興亡之快，可以「朝生暮死」來形容。五個朝代總計只有五十多年，在汴京登上皇位的竟有十姓之多，其中「後漢」只有短短四年，可說席未暇暖，江山又拱手讓人了。

五代時另有不在汴京稱王稱帝的十國，最短命的「北漢」也歷時二十九年。最長的「吳越」歷時八十六年，在唐朝未亡，已在浙江立國。十國的地方除了北漢，多在長江流域或以南，離中原較遠，未遭受中原戰爭禍害。因此，地方較富庶，政治較安定，人民較安樂。

五代的國君，多是以軍權取得政權，學識修養，大多很差。如「後唐」莊宗李存勖的義子李嗣源，以叛變取得政權，是為明宗。他目不識丁，而有仁民愛物的心胸，登上帝位，深獲軍民愛戴。但一切典章制度，無從建立，難免又被另一股武力所篡奪。

唐朝中葉，從安、史、黃巢以及藩鎮之亂，一百五十年間，接連五代五十多年，在這漫長兩百多年，中原地區都遭受戰禍蹂躪，無一倖免，殺人盈野，已至千里無人煙。史載：「自關中薄青、徐、齊、南繚、荊、郢、北亘衛、滑，皆壘骸雉伏，千里無煙。」「自懷、孟、絳數百里間，州無刺史，縣無長令，田無麥禾，邑無煙火者，殆將十年。」「自魏至長河數百里，僵屍敝地。」從史載中可以知道，不單在中原甚而荊、郢，亦遭戰禍，波及地區之廣，可以知矣。

大凡久亂必治，分久必合，是循環的鐵律。五代到了「後漢」已接近物極必反的時機。「後晉」滅亡以後，劉知遠稱帝，是爲「後漢」，他很英明，但不幸在位一年即病死，兒子承佑繼位，是爲隱帝。郭威原是劉知遠的親密戰友，駐守北方重鎭鄴郡。隱帝竟聽信奸佞讒言，把郭威在汴京的家屬全部殺死，連小孩也不放過，還懸賞擒殺郭威。衆將不服，擁郭威領軍進攻京城，留義子柴榮鎭守鄴郡。隱帝的禁衛軍無力抗禦，京城很快被攻破，隱帝逃亡村間，被亂軍所殺。

郭威入城，在太后旨意下擁立劉贇爲帝。就在這時契丹侵擾，太后令郭威代帝出征，大軍到達澶州，所有將領認爲劉家殺郭威全家，不能再爲劉家出力，擁護郭威爲帝，扯下代帝出征的黃旗被在郭威身上，回京師上表太后，願奉爲母。太后乃授郭威監國符璽。

郭威是「後周」開國皇帝，由他願奉太后爲母，就可知是一個仁慈寬厚知民疾苦的好皇帝，但不幸僅四年就死了。他家人全被隱帝殺光，帝位自然傳給義子柴榮。

柴榮登位是爲世宗，公認是五代十國中最好的皇帝，他的英明措施，不屬本文，不予敍述，但影響以後中原甚而整個中華民族和平安定與歷史的未來，至深至大，執行者就是本文主角「後周」宿衛大將軍都虞侯趙匡胤，供奉官趙匡胤、節度使書記官趙普。

趙匡胤崛起

趙匡胤原籍涿郡，高祖朓仕唐歷永清、文安、幽州令；曾祖珽累官御史中丞；祖父敬歷營、薊、涿州刺史，因唐朝後期天下大亂，致家道中落。父宏殷在「後周」廣順末年爲鐵騎指揮使，轉右廂都指揮、領岳州防禦使，與趙匡胤同典禁軍，時人榮之。

趙匡胤是弘殷次子，母杜氏，「後唐」天成二年生於洛陽，器度豁容，身強力壯，從小喜歡武學，活力很大，毅力很強，意志遠大，心存仁厚，孝順友愛，疾惡如仇，對驕奢跋扈的軍閥政客，非常不滿。因此，於「後漢」初年，由關中浪蕩到荆州、隋州，沒有獲得當世權貴的賞識，輾轉千里，到處碰壁，吃盡苦頭，生活無著，淪落他鄉，寄居襄陽寺廟；也許如孟子所謂：「天將降大任於斯人也，必先苦其心志，勞其筋骨，餓其體膚……。」所以雖處窮困坎坷之境，而意志堅定，從不氣餒，在最不如意時，仍賦詩明志：

> 欲出未出先辣撻，千山萬山如火發；
>
> 須臾走向天上來，趕卻殘月趕卻月。

黑暗終將過去，光明很快到來，寄居襄陽寺時，有老僧善術數，顧曰：「吾厚贈汝，北往則有奇遇。」「後漢」隱帝時「三叛連兵」——王景崇、趙思綰、李守貞，三軍團聯合叛亂，郭威奉命討伐，招兵買馬，充實軍力。趙匡胤素仰郭威治軍寬和，與士卒同甘苦，能納部屬意見，知人善任，乃前往應徵，當上一名小校，不久澶州兵變，趙匡胤是萬千吶喊人中之一。

趙匡胤任事積極，熱情勇猛，深得郭威欣賞，被選爲禁軍軍官，與其養子柴榮同隊。彼此年輕熱情，志趣相投，交情深篤，當柴榮出任開封府尹，趙匡胤即由禁軍改爲馬直使。郭威崩逝柴榮繼位，是爲世宗，趙匡胤復典禁軍，成爲世宗的左右手。

郭威崩逝不久，北漢認爲郭威新逝，世宗年輕，有機可乘，乃勾結契丹入寇。世宗御駕親征，趙匡胤隨行護駕，雙方在高平相遇。周軍團指揮何徽、樊愛能等不聽指揮，自行撤退。世宗和親兵，頓時陷入敵人包圍中，情勢非常危急；趙匡胤向左右部將大聲說：「主公危急至此，我們怎能不致力殺敵？」隨即身先士卒攻入敵陣，周軍士氣大振，個個爭先，奮勇殺敵，擊潰北漢、契丹聯軍主力。趙匡胤此種危難救主的忠義精神，深得世宗賞識，論功行賞，戰功第一，授殿前都虞候嶺嚴州刺史。

高平之役發生指揮不靈，世宗深惡痛絕，毅然處斬何徽、樊愛能和軍團中主要軍官多人，重新招募山林好漢，挑選其中最強壯勇猛者編組成殿前禁軍，由趙匡胤卒領。

從此，世宗爲統一中國馬不停蹄，征伐秦、鳳諸州，後蜀、南唐等叛亂集團和獨立小國，趙匡胤每次隨駕出征，立下赫赫戰功。他對部屬親如家人，恩威並用，賞罰分明，深得部屬愛戴，長期指揮禁軍，權勢聲望日隆；且爲人慷慨重義豪邁，和同屬血性男子的將領：石守信、高懷德、張令譯、趙彥輝、楊光義、王審琦、李繼勛、劉守忠、劉廷讓、王政忠、韓重斌、劉慶義等義結兄弟，這對趙匡胤以後的功業，有很大幫助。

周世宗登位的第六年，御駕親征，立志收回北漢割讓給契丹的燕雲十六州，戰事非常順利，很快攻下瀛、鄚、寧三州及瓦橋、盂津、淤口三關。契丹的州郡守將，聞風而逃，眼看燕雲十六州很快可以光復，世宗卻不幸突然得到重病，緊急回師汴京，不久便崩逝。由年僅七歲的兒子柴宗訓繼位，是爲恭帝。封趙匡胤爲歸德節度檢校太尉。

世宗突然崩逝，趙匡胤內心非常激盪，柴榮成年繼位，尚且發生指揮不靈事件，何況恭帝只有七歲？唐朝時不談，自五代迄今五十多年來，在汴京兵變，政變爲爭帝位，甚而骨肉相殘事件多有，一個七歲的孤兒，絕對沒有能力應付此種複雜環境。自己在朝廷的地位，是太尉又掌握兵權，一人之下萬人之上，受知於郭威、柴榮；更和柴榮有深厚友誼，在傳統忠義爲本的社會，義無反顧，應該全力保護恭帝。但以郭威和劉知遠深厚交情及平定「三叛連兵」之功，家小尙被隱帝所殺，自己幾爲所擒。若自己效忠恭帝，必有強勢措施保護恭帝，往後會不會發生遭奸佞讒言禍害？事實上現在已有謠言：「趙匡胤將叛，擒而殺之。」趙匡胤已逐漸走入險惡環境之中，稍一不愼，必有殺身之禍，若要保全，唯有謀求釜底抽薪的策略。

現在先敍述一位對趙匡胤一生功業有極大幫助的人——趙普。

開國宰相趙普

趙普字則平，洛陽人，曾在永州節度使劉詞帳下做過幕賓，劉逝世前曾推介給後周宰相范質，但不爲所用。劉逝世後隱居滁州清流山下，據載：「以包攬訴訟爲生」。

周世宗顯德初年，用兵於淮上，趙匡胤時爲殿前都虞侯戰於滁州。滁州在群山環抱之中，地勢險要，易守難攻，苦無良策，素聞趙普盛名，乃微服往訪，相談甚歡，乃直接請教攻城之策。

趙普平常注意山川形勢，對清流山更瞭若指掌。清流山層巒疊嶂，有灣曲水道直達滁州城。平時只有潺潺流水，不能行舟，必須先在上游築壩截流蓄水，或下雨溪水瀑漲時，浮筏而下，必能攻破滁州。普仰觀天象，近日必有大雨，建議先準備木筏，出奇兵偷襲滁州。趙匡胤得此情報，極爲珍視，儘速準備，數日之後，確獲大雨，乃選精銳奇兵順流而下，前面陽攻，後面偷襲，順利攻破滁州。趙普和趙匡胤初次見面，即送了一個大功，趙普亦被聘爲軍事判官，獲得進身機會。以後更助趙匡胤開展帝業，自己亦成爲開國宰相。

趙普讀書不多，但學過書吏，個性冷靜，思慮周密，見解精闢，又能堅持自己的理念，觀察力也非常深入，一次獲盜百餘人，依法皆當棄市，趙普疑其中有無辜者，請再覆審，果然大多被裹脅而爲，得以活命者甚多。從此，趙匡胤對趙普的觀察力縝密，情報工作完善和能力之強，更深一層肯定。以後，碰到不容易判斷或需要深入敏感性思考的問題時，都要和他商議，成爲他開國建國的首席智囊。

攻下滁州後，趙匡胤之父弘殷以右廂都指揮領禁軍，臥病滁州，趙普以本家晚輩代趙匡胤朝夕侍奉湯藥，其父母感趙普情義，待以宗親之誼。由此，趙匡胤與趙普的關係更爲密切，自後不論大小事情均與相商後再決定。「陳橋兵變，黃袍加身」，爲趙匡胤開拓了帝業，而「杯酒釋兵權」更使太祖能以「安枕」，各軍團亦能獲得善養。朱熹在「宋名臣言行錄」中，肯定其功：

「諸功臣亦因此得以善終，子孫富貴，迄今不絕，若非韓王趙普，謀慮深長，太祖聰明果斷，天下何以治平？而今白髮之老，不睹干戈，聖賢之見何其遠哉。」

朱熹對趙普讚譽備至，甚而以聖賢並稱。然而，趙普仍有很多行爲遭後人詬病，以「金匱」事情，即頗有疑猜。（見後文「金匱之盟」）

太祖登位後，周朝舊臣，沿用不變，僅授趙普諫議大夫，樞密學士。建隆三年加檢校太保，乾德二年始爲門下侍郎平章事（宰相）。太祖每遇困難之事，輒與普相商，但君臣之禮嚴謹，不若友情之禮輕鬆自然。因此，朝政以外與晉王趙光義往來較密，情誼深篤。晉王有雄才大略非常希冀擁抱權力，在正面不可能取得，只有設法以「幼主」之因，由太后出面。此事太祖可能也有所瞭解，趙普更惴惴不安，心常恐懼。也許是巧合，後來太祖怒其「執政專恣」，貶趙普爲河陽節度使。

趙普對太祖明顯的有三件大功，破滁州、立皇朝、釋兵權。太祖對趙普的貪污、大臣參告都能包容，豈會以「執政專恣」爲名而貶之？除非趙普做了嚴重事件對不起太祖，正如「金匱」事件後趙普所恐懼，表面上只是簽了字保證。以太祖爲人寬厚仁慈，絕對不會責怪，必定另有隱情。除此以外，可說是忠心耿耿，所以在河陽上表說，曾讒言晉王，亦是對太祖忠心表現。後來又譏秦王廷美，太祖已經崩逝。

趙普對太祖的忠貞耿直，除「金匱」有疑猜以外，可以媲美唐朝魏徵。現在節述幾點對太祖的諍言。

太祖在「杯酒釋兵權」以後，必須選一個忠貞可靠的人來統領禁軍，認爲天雄節度使符彥卿是理想的人選。趙普則認爲「符彥卿名位已盛，不可再付以兵權。」太祖說：「我待彥卿非常優厚，怎會做出對不起我的事。」普回答說：「周世宗難道對陛下不優厚嗎？」這樣一針見血，可能惹來殺頭的話，誰敢說呢？趙普說了，也證明太祖曾參加陳橋兵變的密謀。

趙普向太祖推薦某人出任要職，太祖不喜歡那人而不同意。趙普卻日復一日不斷奏請。太祖大怒將奏摺撕碎丟在地上，趙普耐心地將碎片拾起補好，明日再奏。太祖頗受感動而用之，果然非常稱職。他這種擇善固執的耐心，朝臣中少有，值得令人敬佩。

臣屬中有立了功，依規定應該升官，但太祖不喜歡這個人，而一再拖延升官的命令。趙普每日爲此事上奏。太祖不勝其煩，生氣地說：「不發不發，就是不發。」趙普居然義正詞嚴說：「刑以懲惡，賞以酬功，古今通道也，且天下之刑賞，非陛下之刑賞，豈得以喜怒專之。」狠狠地訓了皇帝一頓。太祖憤而離席，趙普居然緊跟在後，太祖進入內殿，他就站在門外不離開。他這種擇善固執的個性，有似唐朝魏徵。而唐太宗的長孫皇后，因魏徵忠耿抗直而整衣向太宗拜賀，得此賢臣。但太祖沒有李世民幸運得到賢內助，而世人讚譽的昭憲太后，卻使自己辛苦冒險得來的江山，不能傳給自己的兒子，反而讓他憂疾而死。

岳飛說：「文官不要錢，武官不怕死，則國家必強。」趙普思慮縝密，處理政務，執掌宰權，固然明快周圓，井然有序；然而，對金錢可說貪瀆無厭。太祖常微服訪臣家，趙普常深夜不敢就寢，開寶三年春天深夜大雪，趙普認爲太祖不會來了，而太祖卻突然微服前來，正好「吳越」王錢俶送來十甕海產，放在屋簷下，未及收藏。太祖問是什麼東西，普說：「吳越王送來的海產。」太祖說：「吳越王送來的海產，必是上品，打開來看看。」結果裝的是「瓜子金。」普大驚說：「我不知道是金子，否則一定退回去。」想不到太祖卻笑著說：「沒關係收下吧！吳越王這些人大概認爲國家大事都由你這個書生在掌握」。

太祖確實英明果斷，說這些話對趙普固然以開玩笑方式處理，免得趙普難堪！實則已含警告意思。另外，太祖對吳越王很有好感，遠在浙江和中原相距遙遠，皇朝立國後，率先向朝廷納貢，正式投降，比江南李煜兩詔不上好得多了。太祖度量大，眼光遠，智慧高，一直採用和平合併統一，儘量避免流血，所以禮物不能退還，若退還必會使錢俶尷尬，寧可不追究趙普的貪污行爲，以免影響和吳越王的關係。這件嚴重貪污行爲，在半開玩笑式混過去了。

太祖只求天下太平，人民安樂，對金錢不太重視。後來併吞各獨立國所收的金銀難以計數。即以「西蜀」來說，據載：「儲存的金銀財帛，用水陸同時運輸也要十年才運得完。」這說法也許誇大了些，但集全國的金銀於汴京，富庶是一定的。所以，太祖認爲流血比金錢重要，想用數百萬贖回燕雲十六州，以替代流血，可以知道他對人民的生命比金錢重要。

太祖對趙普的才能，極爲欣賞，用他的長處，不在乎他貪婪的短處，甚而近乎護短。有一次御使中丞雷德讓彈劾趙普：「強市人第宅，聚斂財貨。」太祖卻指責說：「鼎璫尚有耳，你沒有聽說趙普是我的社稷大臣？」並將奏摺交趙普看。這樣的君臣關係，固然能使趙普自己覺悟警惕，也使趙普不懼任何困難爲皇朝出力。

太宗興國六年，趙普於河陽節度使自陳預聞昭憲太后顧託之事，太宗乃召回，以普勳舊，再登元輔，並發「金匱」，得誓書和普在河陽上太祖之表。太宗以傳國之事問普，答以「太祖已誤，陛下豈容再誤也。」趙普這一建議，就是暗示太祖沒有傳位給其子德昭是錯誤。所以翌年秦王廷美（下一個繼位人）被告陰謀竊發，獲罪遷四川涪陵，因憂疾卒。秦王罪逐，實趙普所爲。

太祖時對趙普寵愛特厚，而且護短，太宗召回，仍不悔改，變本加厲，居然侵奪皇家菜園，開設邸店營利，利用特權，私自從秦隴地區運木材到東京（汴）出售，與民爭利。這些違犯朝規的事，太宗不會像太祖一樣寬容他，在忍無可忍，罷相職，再貶河陽爲節度使。

趙普少習吏事，宋朝立國後，雖得太祖寵信，歷任要職，參予機密，但經國之學不足，太祖乃勸其讀書，乃閉門苦讀「論語。」當學業有成，於乾德二年爲門下侍郎，平章事集賢殿大學士。中書無宰相，趙普之職即宰相職也，距宋建國已六年。第三次入相，告太宗曰：「臣胸中有論語一部，以半部助太祖定天下，半部佐陛下致太平。」世論認爲趙普言過於誇大，對「論語」精深博大，認識多少，似仍有商榷之處。

論者：論語爲政篇，孔子曰：「書云孝乎？惟孝，友以兄弟，施以有政，是亦爲政。」趙普已學於古訓，而做事又不師古訓，豈其學力才識有限，沒有深切了解古聖先賢之意，而陷人君戕害骨肉，負刻忌少恩之名。清代史學家王船山（字而農號薑齋）嘗論：

「趙普與隋司空揚素，唐英國公李勣，奸佞類同，豈有勸人君殺其妻子兄弟，而可託以社稷者乎？是皆有不臣之心也。普躋身宰輔，兩預傳國定策之謀，當太祖時，以毀秦王之言而毀太宗，又以毀太宗之言而毀秦王，其術則一，其心可誅，依違兩端，邀寵欽權，賢人君子所不爲也。」

趙普一生言行，任事操守功過，自有史評，謀國忠貞，氣象醇正，「杯酒釋兵權」和晚年譏秦王廷美，朱熹和王船山的評論，足爲吾人省思。

陳橋兵變黃袍加身

後周皇帝柴世宗崩逝後，遺下寡婦和七歲的孤兒，身爲太尉執掌兵符的趙匡胤，處境深爲尷尬。郭威原是太祖長官，受他錄用提拔之恩，又是君臣；世宗柴榮，不單君臣之義，交情亦深篤，得其提拔，爲朝廷重臣，更手握重兵，最具權威，在情在理，應該義無反顧，支持其子恭帝。但前文談及自己的安危，現在更因周室江山，垂手可得，卻處在兩難之間，危機與轉機的分水嶺上，是決定性的一刻。

趙匡胤內心在天人交戰之際，適時傳來鎭、定兩州緊急軍情快報：「後漢會同契丹乘周世宗柴榮新崩，大舉南侵。」朝議由長期指揮禁軍、殿前都虞侯太尉、領嚴州刺史永州防禦使趙匡胤領軍對抗。

北伐軍由汴京出發，進駐距汴京四十里的「陳橋驛」即安營不動，當晚趙匡胤說酒醉先睡了。供奉官趙匡義，節度使書記官趙普，立即緊急會議，採取行動；由天文官苗訓對大家說：「早上仰觀天象，太陽下面又有一個太陽，並有一道黑光，在兩個太陽間磨盪，表示天命歸於趙匡胤。」諸將乃決定發動兵變，擁立趙匡胤。立即派遣牙隊軍使郭廷斌飛馬回京，向在等待消息的殿前指揮使石守信等義社兄弟，告知事已決定，在京親趙軍團應做好準備。

曙光初現，趙匡胤尚宿酒未醒，趙匡義和趙普率軍官擁入帳中說：「諸將無主，願奉太尉（趙匡胤官名）爲天子。」將事先準備好的龍袍被在趙匡胤身上，諸將兵在營前跪拜，齊呼萬歲。

趙匡胤曾浪蕩江湖，親歷艱困，耳聞目睹京城浩劫之事，因此與將士約法：

一、太后主上皆吾北面事之者，不得驚犯。

二、朝中大臣皆我比肩，不得侵凌。

三、朝廷府庫士庶之家，不得侵掠，遵者賞，犯者罰。

從這約法可以看出趙匡胤的仁心和紀律嚴明，愛護同僚和百姓。

趙軍團進城後，周太后和恭帝只好讓位，趙匡胤北面受禪登皇帝位。曾爲歸德節度使屬宋州，乃以「宋」爲國號，是爲宋朝（徽、欽兩帝蒙塵高宗南渡，史家始分北、南兩宋）開國皇帝尊稱太祖，年號建隆元年（西元九六〇）賜皇弟匡義爲殿前都虞侯改名光義，趙普爲諫議大夫，樞密學士。尊母南陽郡夫人杜氏爲皇太后，爲有效管理仍在兵荒馬亂中的國事，「後周」廷臣均未更動。

「後周建國皇帝郭威和周世宗」已廢除唐末以來和五代的苛政嚴刑，改革賦稅制度，減輕人民負擔，採寬容政策，招回淪陷在契丹統治區的漢人，給予耕地，種籽和糧食，使他們重建家園；對全國百姓，勸農桑、獎工商，拔擢人才，澄清吏治，修訂刑法，使刑不濫施，法不輕行。世宗出身農家，知道人民疾苦，痛恨貪官和污吏，乃整頓軍紀，嚴禁擾民，懲貪官污吏，裁減冗員，提高行政效率，改編軍隊，汰弱留強，爲國家減少支出，取消傳統士大夫免稅特權，增加稅收，達到公平。兩百年的亂象，在郭威和柴榮兩代的勵精圖治下，制度已經建立，民間經濟亦漸復甦。

太祖建國後，沿用「後周」舊制，先安定人心，逐漸實行「文治主義」，讓社會得以休養生息，以百姓的安樂禍福爲施政中心。話雖如此，宋皇朝仍處在唐末和五代所留下的十國，以及自己所率領的很多軍團，若不能妥善處理，又將是另一場戰亂浩劫，使得太祖難以安枕。而「兵變」後的謠傳，亦紛至沓來，現在先談這些謠傳。

五代結束了，宋國建立了，雖然「陳橋兵變，黃袍加身」，不像以往其他朝代政權轉移，總是戰馬嘶鳴，殺聲震天，屍橫滿地、血流成河，而是和平轉移政權，是太祖及其智囊團苦心的傑作。但舊社的傳統觀念總認爲太祖不能以「忠」護主，以「義」全交，假兵變陰謀，篡奪周室江山，欺凌寡婦孤兒，給太祖一生功業染上污點，而且確有很多疑點。

所謂北漢和契丹大軍南侵，宋朝立國後，只有鎭州郭榮報告「北漢和契丹兵北遁」。但北漢和契丹都不見有南侵記載，宋朝已未再派兵北征，甚而兵變時也沒有派兵留守。顯然所謂「南侵」是謠言，而且是趙軍團所發出，太祖也必然知道；如果他不知道，身爲軍團指揮官，是不可能的事。所以這謠言，不單他知道，可能參予密謀。趙普以後曾對太祖說：「難道周世宗對陛下不優厚嗎？」就既昭然。但從日後統治行爲來衡量，他節儉樸實，感情豐富，仁厚寬容，愛護百姓，確是一個好領袖，有熱情而積極，有理想，有信心，治己嚴，待人寬，努力用心於國事，關心民間疾苦。「陳橋兵變」在傳統社會，雖有批語，也許是他的苦心，值得後人給予諒解和肯定。

「兵變」無可置疑是奪取政權表面的手段，其實一切早就密議妥當，準備好了一切步驟；古代的龍袍，繡龍刺鳳，工作精細，必須花費很多時間，豈能臨時製成？太祖參加過郭威的「黃旗加身」，那時他是萬千軍兵中吶喊的一人，現在依樣畫葫蘆，更貼切，更精彩了。所謂「宿醉未醒」，表示他是被迫，對「兵變」完全不知情，正如：「曹操殺了丫環，說在夢中，其實不是曹操在夢中，而是丫環在夢中。」深入追究，明明是遁詞，減少被人譏諷而已。

天文官苗訓說：「天象顯示有兩個太陽。」這段話只可愚弄無知的士卒，稍有頭腦的人都可以想到怎麼知道「天命歸於趙匡胤」呢？歷來叛亂的領導，都會以天象、石碣之類顯示因由，藉以號召群衆，「梁山泊」不是也有「石碣」嗎？飛騎通知京城等待消息的義社兄弟，既明白表示了實情。

從上面分析，足以說明趙集團「兵變」的安排是有周詳的計劃，若說太祖不知道，那太天眞荒唐了。不過歷經兩百年動亂戰禍，中原已經沒有一塊土地不染有血污，政權能夠和平轉移，縱然是太祖及其部屬的陰謀，也可諒解。若非如此，一個七歲大的小皇帝，四周都是如狼似虎般稱王稱帝的軍團，誰能夠罷兵權息干戈？沒有戰爭使百姓免以恐懼，不安和死亡的威脅，過平靜安樂的生活，不再在驚恐中苟延殘喘，那是絕對不可能。當然也有很多托孤前例，享受太平盛世，而恭帝的情形不同。

「托孤」大多是他祖先的基礎穩固，政治制度修明，天下太平安樂等等。「後周」在兵荒馬亂中建國，不過短短十二年，戰爭沒有停過一天，政策雖然改革了很多，但時間很短，不單不穩固，而且像是建築在沙堆上的城堡，一個浪潮就會被衝垮。多少人在窺伺，多少人在挖掘，縱然太祖不如此做，別人也許會以殘酷的手段來攫取，來搶奪，又將成爲殺戮戰場，中原又將是一場浩劫。「天下者，天下人之天下，惟有德者居之。」太祖能以救世之心，費盡心機，使政權和平轉移，在傳統忠義道德的社會，雖有物議，也有可歌頌之事。

歷來朝代更替，前朝君主廷臣，縱不會全部受難，爲深恐死灰復燃，主要人物遭受殺害，難以避免。而太祖進城，除了當時反抗的侍衛親軍副指揮韓通，被軍校王彥昇追至其家中殺害，未再有血染刀光。而王彥昇雖是佐命元勳抗命殺人，終生不付於節鉞，以示懲戒。而最難得是太祖保留柴氏一脈，遷恭帝及符后於西宮安養，易恭帝號曰鄭王，符后爲周太后，周陵廟仍以時祭祀。據野史記載：賜以「鐵劵丹書，永保富貴」。

太祖早年闖蕩江湖，耳聞目見，自唐朝中業以來，歷五代兩百餘年中原長期戰爭，屍橫遍地，千里無人烟的慘狀，若再發生戰爭，不平息干戈，又要犧牲多少無辜生靈，帶給人民多少災難？和損傷民族元氣。興念及此，即使自己背負不忠不義的千秋罵名，也甘冒不韙了；而且歷古對不穩定的政局，常爲達到目的而不擇手段，漢高祖和唐太宗那麼英明仁厚，尚且誅功臣，殺兄弟。太祖假「陳橋兵變」和平轉移政權，沒有殺戮，沒有血污，仁慈寬厚，足以爲後世思考。

不管如何，拋開傳統社會道德的「忠義」包袱，這次的「陳橋兵變」是一次很好，很成功的不流血政變，權力和平轉移，趙普策劃得相當完美，相當成功和傑出的行動，開國宰相，實當之無愧！

杯酒釋兵權

宋朝國建立了，無可諱言，趙普的功勞最大，但太祖只給了他諫議大夫，大概趙普所讀的書是有關吏治方面，而非治國安邦方面的經國大學問，乃勸其再用功讀書，迨趙普讀「論語」有成，才於乾德二年給他相職，距立國已六年。但趙普的智慧高、思慮縝密，辦事能力強，雖沒有位居相職，仍成爲太祖的智囊，深受信賴，大小事情和他商議後才決定。

一天深夜太祖和晉王光義密訪趙普，普迎進太祖和晉王後，從容問道：「陛下在大雪深夜，爲何不就寢，還要外出？」太祖說：「吾睡不著，一榻之外，皆他人家，故來見卿。」這意指除十國未平以外，尚有中原獨立兵團以及北漢和契丹。趙普問有何計劃。太祖表示：「我準備先行北伐、討滅太原（北漢都城）。」趙普默然片刻後表示：「北漢正好可以做皇朝與契丹及西夏的緩衝地帶，應該留在削平諸國後再行征討，彈丸之地，將無所遁逃。」太祖說：「我和晉王商議，亦是如此，特再與卿決議耳。」由此可知太祖對趙普的寵信，也知趙普的能力，軍事觀點也很深入，所謂下江南之議，就是如此決定。

然而，終太祖之世，未能掃平十國願望。直至太宗繼位，還花了四年時間才掃平十國，十二年才消滅北漢，勉強算統一了。而燕雲十六州，有宋一代未能收復，直至明太祖朱元璋才收回，使中華民族的版圖歸於完整。總計被異族統治了四百三十餘年，是漢族自黃帝立國以來，土地被異族佔據所僅有，可說是宋朝最丟臉的事件之一。另一件是徽、欽二帝被擄。

宋皇朝建立後，中原各地獨立兵團大多已臣服，只是十國尚未敉平，而太祖自己率領的軍團，現在壯大爲開國功臣，軍力權力已因功而壯大，義社兄弟更個個領有節鎮，成爲方面大員。太祖似乎隱隱看到成王成霸的模樣，往後會不會又成爲另一叛變的原因。防範於未燃，太祖密訪趙普表示：「自李唐中葉以來，在汴京稱帝者有十姓，其他十國尚不包含在內，五十年來，兵革不息，蒼生塗地，吾欲息天下之兵爲國家長久之計，其道爲何？」唐季擾亂，五代征伐，太祖苦思無計，希望趙普能提供善策，以維國家長遠和平。

趙普的回答十分踏實，也十分大膽，他表示：「沒有什麼奇計妙策，祗有建立政治制度。唐季中葉以來，戰爭不息，國家不寧，其實非他，鎮節太重，君弱臣強所致。改善方法，惟削奪其權，制其錢穀，收其精兵，則天下自安。」趙普直言無諱的論政，已說到太祖心嵌裏，不禁嚇了一跳，立刻制止說「卿勿多言，吾已知矣。」這樣的建言，幸好只與太祖密談，若公開論政，無異催促各軍團，不快點造反，就沒有機會了。

趙普這個建議，確是釜底抽薪的上上之策；但處理的程序，應該籌思縝密，不能有一點差錯，稍有差誤，處理不當，後果不堪設想。太祖心中再三再四考慮了半年，一切和趙普細密思考妥當後，尋求適當時機，才於建隆二年（西元九六一）七月晚朝後在宮中賜宴義社兄弟及其他軍團首領。

君臣杯酒聯歡，在大家微醺之際，太祖突然感喟說：「如果沒有你們的幫助，我也無法得此帝位，想及你們的恩深，我有無限感激！但身爲天子，仍有很大的艱難工作，實不若爲節度使來得快樂，我現在從沒有整個晚上可以安枕而睡。」這是太祖的開場白，也預說了節度使的職位。

諸將大驚，急問何故？太祖說：「皇帝這個位子，誰不想當呢？」談到核心了。石守信等軍團，深感惶恐，伏地說：「陛下爲何出此言？天命已定，誰有異心？」太祖說：「你們雖無此心，但如果部下爲了爭取自己的富貴而黃袍加身，你們想不做也不行。」太祖自己就是個例子，這番話說得眞實，也無異攤牌。石守信等只好垂首哭訴：「臣等愚魯，從未想過這些，請陛下垂憐，指示一條生路吧！」這是最令太祖滿意的答案。

太祖見到如此情況，正是按照自己設想的順利達到，便道：「人生如白駒過隙，那些冀望富貴的人，不過想多積點錢，使自己多些享受，使子孫日後不至貧窮。你們何不釋去兵權，廣置良田華廈，多置歌兒舞女，飲酒相歡，以終天年，君臣之間，兩無猜嫌，上下相安，這樣不是很好嗎？」誠懇的一席話，說出了常人的希望，爲他們安排了出處。

第二天石守信等稱病，乞罷兵權。太祖希望的心願終於完成，立刻批准。且晉封石守信爲天平節度使、高懷德爲歸德節度使、王審琦爲忠正節度使、張令鐸爲鎮寧節度使、趙彥輝爲武信節使、……義社兄弟以及各主要軍團都獲得節度使職位安置。眞是上下相安，各享富貴。這麼重大的事，在宴飲中圓滿解決了太祖的隱憂，從此可以「安枕而睡了。」這就是宋朝歷史上著名的！「杯酒釋兵權」。

「杯酒釋兵權」說起來似乎很輕鬆，其實隱含很大危機，稍一不愼，會造成又一次重大戰禍。事情能夠順利進行，固然趙普參加密議，安排各種步驟，太祖執行時的機智、時候氣氛，拿揑得非常恰當。在各軍團心理毫無準備的情況下，太祖先造成和睦歡樂氣氛，使大家照著自己籌設好的計劃一步步跟進，毫無一絲一毫礙難之處，終於交出兵權。這是精心設計的「政治作戰」，「不戰而屈人之兵」，這當然是足智多謀趙普的傑作。

宋皇朝從此不再沿用以往地方分權制度，改爲中央集權，節鎮和郡皆直屬中央，州郡首長奏事，無須經節度使轉呈；而節度使轄下地區的民政、財政、軍事，皆由中央治理，節度使完全是空的職銜而已。這是一反兩百年來軍政重於文政，改以文政爲重的辦法，把精兵集中爲禁軍，由皇帝親自執掌，老弱殘爲廂兵，撥歸地方政府，免除節鎮手握重兵的遺害。但這多少有些負面影響，內部的威脅，雖然減輕了，讓太祖可以安心推行「文治政制」，只是皇朝新立不久，局勢仍在動亂中，不說南方各獨立國尚未敉平，中原地方仍亦有王國尚未臣服，更有北漢以外的契丹和西夏致命的大敵，均無法在短期內掃平剿滅。釋兵權後，軍力形勢薄弱，調兵遣將，難免有捉襟見肘之感，更難致力掃平剿滅工作，引致百年後北方外族南侵，北宋覆亡。後人認爲是「杯酒釋兵權」所造成朝無良將的遺禍。

宋朝的「文治政制」不單消弭了皇朝對功臣的猜忌，引致趕盡殺絕的悲劇，且穩定開國初期內外情勢有很大幫助。朱熹在「宋朝名臣言行錄」中，對趙普處理這件事有很高的評價，在（開國宰相趙普）文中已提及，此處就不贅言。

「文治制度」，南宋不予論述，即北宋一百多年造就很多人才，犖犖可數者開國宰相趙普是最耀眼的明星，固無論矣。寬容儒將曹彬、戰艦宰相寇準、當代名相文彥博、太平三宰相——呂蒙正、呂端、王旦、元祐君子司馬光、聖人李沆、談判奇才富弼、無求人知杜衍、先天之憂范仲淹，務實改革韓琦、學者政治家歐陽修、改革家王安石、一門碩漢文學家三蘇等名人名相之多，足使其他朝代相形失色，對啓發中華民族以後朝代對文化重視和發揚光大，有很大功能。

金匱之盟

史載：太祖之母明憲（昭憲）太后，是個頭腦冷靜，思慮縝密的人，太祖在很多重大事務方面，常主動請教太后的看法。太祖事母至孝，太后有疾，每下朝必到太后床前侍疾。周顯德中太祖北征自陳橋還京師，人走報太后曰：「檢點已作天子。」太祖即位尊爲皇太后，拜太后於堂上，衆皆賀，太后愀然不樂。左右曰：「臣聞母於子貴，今子貴爲天子，胡不樂。」太后曰：「吾聞爲君難，天子置身兆庶之上，若治得其道，則此位可尊，苟或失馭，求爲匹夫不得，是吾所憂也。」

太祖建隆二年，太后有疾，問太祖：「你是否想過爲什麼能得天下？」太祖答曰：「祖先和太后餘蔭保佑。」太后說：「不然，正因柴氏使幼兒主天下耳。使柴氏有長君，天下豈爲你有？」這話說得很實在，若非周恭帝年幼，不可能有「陳橋兵變」發生。因此太后要太祖在百年之後，把帝位做「兄終弟及」順序先後交光義、廷美，再傳兒子德昭。又曰：「四海至廣，萬機至衆，能立長君，社稷之福也。」讓宋朝永遠沒有幼主，長保社稷宗廟，太后確實謀慮深長，太祖慨然答允了。

太后便找來趙普，命他作誓約，並且署名，放入金匱，這便是宋朝史上很有名的「金匱之盟」。從實質來看，宋皇朝今後雖無幼主之憂，但也有很多後遺症：以太后縝密思慮，或偶有疏漏，未及周全。太祖聰明睿智，不忍違母后之意。而趙普忠君耿直，明明知道「兄終弟及」有不良後果，縱然太祖昧於「孝」而慨然答允，趙普身爲謀臣，太祖倚爲智囊應該知道，歷古以來，只有春秋時吳王壽夢對兒子曾有「兄終弟及」的例子，但後來卻以悲劇收場，那就是「專諸刺王僚」的歷史。權位人所欲也，太祖因孝順母后，不違懿旨，慨然答允。往後會不會因情勢改變而改變初衷，也許太祖就是死在這個原因上。趙普更應該明瞭關係傳國大事，豈能以太后一言，太祖因孝而置國家社會於不穩定之局，不作忠君愛國，仗義執言而只唯唯，此豈是忠耿之臣應有的態度？

太祖能夠寬宏大量，不因傳統「父死子繼」的坦蕩心胸，繼位者仍能有同樣的心胸嗎？再繼位者又能不存私心嗎？以事實結果來論，正因爲繼位者私心太重，不能遵守盟約，最後的結果，比「專諸刺王僚」更慘！因爲前者傳了三個兄弟，幼弟放棄後，後一輩就不遵守順序之約而發生慘劇。宋朝的誓約，在太祖崩後，只有短短幾年，繼位者就將第三、第四順序繼位人迫死了，天下成了他個人的天下，還有什麼順序可言。

「金匱之盟」的繼承順序是：趙光義、趙廷美，最後是太祖的兒子德昭。如果沒有不可告人的秘密，以情以理應該召集幾個繼位人來宣佈，何況太后病危，兒孫均應前來侍疾，爲何只傳不相干的趙普？那時趙普的職位不是宰相，只是一個不太重要的諫議大夫，這麼重大的傳國事務，只有趙普一個人知道。是否晉王光義（第一順位）和趙普密商後向太后所建言？宋史沒有記載，也不可能記載。因爲朝史是後人所寫，太宗接位後，太平興國四年，太祖之子武功王德昭被辱，憂憤自殺死了，秦王廷美亦於七年被誣陷貶逐，因憂疾卒。太祖兄弟五人，長兄光濟、幼弟光贊均早夭，傳承繼位，僅存太宗一脈，誰敢據實記載？

「金匱之盟」後，趙普深爲恐懼。照理趙普是奉太后懿旨簽字作證，何恐懼之有？以他助太祖破滁州，立皇朝、釋兵權等等大功，太祖絕不會因趙普奉懿旨作證而有責怪？除非趙普與晉王有密議，爲太祖知道，又不能說明原委影響與晉王兄弟之情，乃於開寶六年八月藉「執政專恣」罷趙普相職，貶爲河陽節度假。

趙普在河陽任上曾上表太祖，自訴說：「外人謂臣輕議皇弟，實預聞太后顧命，豈有嫌間。」太祖將表封於「金匱」。所謂顧命，是否另有隱情和輕議皇弟，宋史沒有記載，就更顯得撲朔迷離。

昭憲杜太后，如果確是「頭腦冷靜，思考縝密，」應該想到帝位如何才能傳到孫兒德昭手上，曾否聽過漢呂后弄權而殺功臣？唐武后殺李朝宗胤而奪江山，歷代女人干政，都非好事。所以唐太宗的長孫皇后曾言：「牝雞司晨，惟家之窮，妾以婦人，豈敢預聞政事」而謝太宗，故其賢德，垂名後世。昭憲杜太后，竟將國家大事，尤其傳國大事，竟輕率傳旨決定，豈能稱爲「思慮縝密」？

太祖恐懼自己結義兄弟，將來或許會有不利於帝位，冒險做了「杯酒釋兵權」的安排，竟沒有想到自己百年後兒子德昭怎麼辦？爲何不爲他安排好後路，如「鐵券丹書，免死金牌」等等？如果豁達到沒有一點私情，那堯舜不會專美於前。

趙普既爲太祖的智囊，應該深加思考「兄終弟及」對太祖是非常不利、不公，往後必有麻煩，以他擇善固執的個性，連太祖都敢諷罵諍諫，傳國大事豈是平常家務事？爲何無一言建議，豈眞有不可告人的秘密？總之「金匱之盟」是宋皇朝最大不幸的決定。

建隆二年，太祖三十五歲，長子德昭十二歲，太祖正值盛年，豈能以「幼主」預言？其實太祖崩於開寶九年（九七六）十月，享年五十歲。從「陳橋兵變」已十六年，其子德照已二十七歲，所謂：「幼生」之因，早已消失。金匱以後漫長十五年，一切情勢環境已經大變，太祖實在不見得仍須遵守誓約；何況古代帝王的權力絕對可以決定一切，對於誓約，隨時可以修改，其弟晉王光義應該明白，心理也會有所準備。但太祖沒有這麼做，可知他是寬宏誠信講感情的政治領袖。他或許有時過份熱情及積極，但以他節儉樸實的生活看來，絕非野心勃勃的自私自利之徒。他有理想，認爲晉王是理想繼承者，所以最後政權由晉王光義繼承大位。但在這個政權交替的時候，又發生一件宮廷政治疑案——「燭影斧聲」。

燭影斧聲

史載：開寶九年十月，帝有疾，壬午夜，大雪，帝召晉王光義囑以後事，左右皆不得聞。但遙見燭影下，晉王時或離席，若有逃避之狀。既而上引斧戳地，大聲謂晉王曰：「毋憂之」俄而帝崩，時漏下四鼓矣。宋皇后見晉王愕然遽呼：「吾母子之命，皆託與官家。」晉王泣曰：「共保富貴，毋憂也」。

按：太祖原配賀氏，周顯德三年太祖爲定國軍使時，封會稽郡夫人，生二公主及魏王德昭，五年薨，建隆三年追冊爲皇后。同年三月立瑯琊郡夫人王氏爲皇后，生子女三人，於乾德元年十二月薨，年二十二。開寶元年二月納宋渥之女爲皇后，時年十七，太祖死時才二十五歲，太宗至道元年四月薨，年四十四。

這一篇很空洞曖昧的史載，太祖只是有疾，以五十壯年，竟囑後事，固既可疑，晉王時離席有逃避狀，兄弟相談，何須逃避？上何事引斧戮地？遙見者只有晉王身影，未見太祖身影，那麼引斧者何人？太祖？晉王？太祖引斧自戮？還是大聲說話就會死掉？文字中未見說明。另野史載：宋王后聽見斧聲後，看到晉王匆促離開，即進寢宮探視，見太祖已崩，急傳皇子德昭，而晉王已候在殿外，未經宣召即刻進來，所以皇后見來者不是皇子而是晉王，感到意外才愕然遽呼。大約皇后雖不在寢宮已瞭解一切經過內情，乃託命於晉王。

「金匱之盟」是宋皇朝在繼承權上對太祖有相當的約束力。然而，經過十五年漫長歲月，一切都已改變，德照也已長大，必有一群政治力量在他周圍（太平興國四年從太宗征幽州，軍中夜驚，失太宗所在，即有議立德昭者），這事一定令太祖內心非常困擾。但從史料看來，太祖確是一位大公無私偉大的政治家。自從決定「兄終弟及」以後，即把晉王光義視爲皇位繼承人，培養他管理朝政，處理事務能力，加強權力等等。他自己雖有權力，可以改變一切決定，但他認爲誠信比權力更爲重要。而晉王對權力和慾望，卻比太祖大多了，也積極想早日掌握政權。

太祖召光義至寢宮，或許想和晉王談談如何處理現年已二十七歲的德昭，如何保證自己的兒子能繼承政權。但在慾望較大，深富心機的晉王，不肯公開承諾而發生嚴重的爭執，在燭影搖晃中傳來斧聲，太祖便一命嗚呼！其實際情形除晉王外尚有宋王后知道。

太祖后記

綜觀太祖一生對人對事，一片開明赤誠，除「陳橋兵變」史家認爲是一生的污點。從另一觀點，爲蒼生請命，不使再有征戰，殘殺生靈，做了釜底抽薪的辦法，是他苦心的安排。現在他已於燭影斧聲中結束了生命，以自己不幸的下場，換來政權和平轉移，而其所遺人間的美譽，難以盡書，現在略舉一些，以爲佐證。

太祖生性友孝節儉，純出自然，不矯飾，不做作，受周禪之初，頗好微行，有諫勿輕出，輒曰：「帝王之興，自有天命，周世宗因惑於竹簡，見諸將方面大耳者皆殺，我終日侍側，（太祖方面大耳）不能害也。」既而微行更多，有諫，乃曰：「有天命者，任自爲之，不你禁也。」蓋太祖曾浪蕩江湖，深知民間疾苦，住在深宮怎知民隱？故必須微行細訪。嘗謂：「你謂爲天子豈容易耶？偶疏忽誤決一字，心中自不安。」御正殿坐，令洞開諸門，謂左右曰：「如此我心，稍有邪曲，人皆見之。」這就是唐魏徵所謂明君暗君，「君之明者兼聽也，所以暗者偏信也，昔唐虞之理，闢四門，明四目，達四聰，是以聖無不昭……之意也。」太祖洞開諸門，是開誠佈公，以示大公無私。

吳越王錢俶來朝，自宰相以下咸請留俶，而取其地。帝不聽，遣俶歸國，及辭，取群臣留俶章疏數十，封以遺俶，戒於途中密觀。俶於途中啓示，皆留已不遣之章疏，俶自是感愧，江南平遂乞納土。南漢王劉鋹在其國，好置毒酒酖臣下，既歸朝，帝賜酒，鋹疑有毒，捧杯泣曰：「臣罪在不赦，陛下已待臣以不死，願爲大梁布衣，觀太平之盛，未敢飲此酒。」帝笑曰：「朕推赤誠於人腹中，寧有害你也。」即取鋹酒自飲。以坦蕩推誠至腹之行，故能使萬衆臣服。

宮中幃帳，沿用青布，常服之衣，洗濯至再，長公主襦飾翠羽，戒勿復用，又教曰：「汝生長富貴，當念惜福。」見後蜀主孟昶，寶裝溺器，捧而碎之曰：「汝以七寶飾此，當以何器貯食？所爲如是，不亡何待。」此即「儉者常富，奢者常滅」之至言。

晚年好讀書，嘗讀二典，嘆曰：堯舜之罪四凶，止從投竄，何近代法網之密耶?!」謂宰相曰：「五代諸候跋扈，有枉殺人者，朝廷置而不聞，人命至重，姑息藩鎮，何若是耶？自今而後諸州決大辟，錄案奏聞，付刑部復視之。」此即唐太宗斷獄必訊於三槐九棘之官——三公九卿，爲免冤濫，凡有死刑，皆須五復奏等之慎重，以免有冤獄。

伐江南時，召曹彬、潘美戒之曰：「城陷之日，愼無殺戮，設若困鬥，則李煜一門，不可加害。」其實在出師前一天，太祖與曹彬喝酒，君臣二人喝到微醉時，太祖誠懇地向曹彬表示：「南唐李煜，實在沒有什麼罪過，祇是我沒有能力使他臣服。」因爲南唐主李景在宋皇朝立國後即遣使致貢，翌年薨後，其子李煜即請封號，每年貢銀極豐，且已乞除國號，只因兩詔不上，才動兵征伐，仍不願李煜一門受害，可知太祖心存仁厚。

「金匱之盟」時，德昭才十二歲，到開寶九年太祖崩時，已二十七歲，且已封王，開府儀同三司，自有他的部屬，太祖遵母后之言，已歷經十有五年，不改初衷，傳國其弟，公正無私，胸懷坦蕩，實足以媲美堯舜。史有贊曰：

> 昔者堯舜以禪代，湯武以征伐，皆南面而有天下。四聖人者以後，世道升降，否泰推移。當斯民塗炭之秋，皇天眷求民生，亦惟責其濟斯世而已。使其必得四聖人之才，而後以行其事，則生民平治之期，殆無日也。
>
> 五季亂極，宋太祖起於介冑之中，踐九五之位，原其得國，視晉、漢、周亦豈甚相遠哉？及其發號施令，名藩大將，四方列國，次第削平，此非人力所易到也。建隆以來，釋藩鎮兵權，繩贓吏重，以塞亂世之源；州郡司牧，下至令錄，幕職，躬自引對，務農興學，慎罰薄斂，與世休息，迄於丕平，治定功成，制禮作樂。在位十有七年之間，而三百餘載之

基，傳之子孫，世有典則。遂使三代而降，老論聲明文物之治，道德仁義之風，宋於漢唐，蓋無讓焉。嗚呼！創業垂統之君，規模若是，亦可謂遠也已矣！

從上面的記載和史者的贊言，對太祖而言，可稱聖明之君，而其死及其子德昭以後之遭遇，實違道德人心，也有多少無奈和悲哀！然而太祖酷愛和平，總算把樹立良好的國家政制，能夠和平轉移，綿延不絕，自己的犧牲，和兒子不幸下場，亦足以含笑九泉！

蕭規曹隋

趙光義原名匡義，建隆元年太祖登位始改今名。封殿前都虞侯、晉王。太祖崩，繼位爲帝，是爲太宗，改名趙炅，號太平興國元年，封皇弟光美爲齊王，改名廷美。皇侄德昭爲武功王。德芳未封。

據史載：「太平興國六年太宗始發「金匱」得誓約及普表，依一般傳統規定是父死子繼。太宗登位，既無太祖遺詔，也未開啓「金匱」，不知他的繼承權如何得來？所以「燭影斧聲」就成了疑案。

太宗登基後，國家一切典章制度，悉依太祖主政所規劃完善的制度。只要依照規定，能使軍政上軌，人民安樂，天下太平。不過太宗繼位後，一切典章制度，雖然幾乎「蕭規曹隨」亦將制度改革了一些。

太祖時將唐末和五代地方強大權力，全部收回由中央政府控制。但太宗又怕中央權力過份集中在某些朝臣手中，乃採取分權政制，分爲政務、軍事、財政、監察四個部門。

一、中書門下省，主管爲宰相，負責一般政務。

二、樞密院掌管軍事，長官是樞密使。

三、三司，掌管財務，長官是三司使。

四、御史台，職掌監察任務，糾彈朝臣的失職和違法，長官是御史中丞。

這四個部門的職權是最高行政平行單位，並直屬皇帝，而且各部門均設有副職，仍可以直接奏事，所以不可能有獨攬大權之事發生，是一種很完善的制度。

至於國土方面，太宗登位以後，南征北伐，馬不停蹄，以四年時間，掃平江南各獨立國，十二年剿滅北漢。燕雲十六州，太祖曾規劃以金錢來贖回，以免再生戰禍，生靈塗炭。所以除燕雲十六州，整個中華版圖，已經完整。對於契丹和西夏，太祖亦決定不以軍事征伐，而用金錢來腐蝕化外民族。

然而，太宗繼位統一天下以後，竟破壞太祖的計劃，親自率領大軍北上，擊敗北漢和契丹聯軍，平定山西太原一帶，已經完成太祖規劃的統一大業，應就此罷手，卻大舉征伐燕雲十六州，和西夏、遼金對壘，因兵團不和以致指揮不靈，在五台山與蕭太后的戰役中，損兵折將，非常嚴重；新歸順的山西勇將楊業，和他的後代菁英——即說部楊家將，幾乎在此役中犧牲殆盡。從此燕雲十六州，被異族統治四百多年，是宋皇朝的恥辱，漢族歷古以來所未有。

宋皇朝的軍力，一因「杯酒釋兵權」而自行削弱，再由此次戰役損失慘重。從此不單再無力光復北疆，保固邊防重鎮，且常受異族鐵騎侵擾蹂躪，最後造成徽、欽兩帝蒙塵，高宗南渡，偏安杭州，史家把宋朝分成北、南兩宋歷史。

從歷史記載，太宗繼承大位，尚能行太祖「勤儉建國，愛民惜福」之訓，掃平江南，剿滅北漢，維持政制，但太祖崩不逾年而改元，皇弟廷美之貶死，皇姪德昭之自殺，宋皇后之死不成喪，後人議之。故史家雖有讚語亦有貶言：

帝慎謀英斷，慨然有削平天下之志，既登大位，陳洪進、錢俶相繼納土，未幾取太原，代契丹，繼有交州、西夏之役。干戈不息，天災方行，俘馘日至，而民不知兵，水旱螟虫，遍及天下。而民不思亂，其故何也？帝以慈儉爲寶，服澣洗之衣，毀奇巧之器，卻女樂之獻，悟畋遊之非。絶遠物，抑符瑞，閔農事，考治功。講學以求多聞，不罪狂悖，以勸諫士，哀矜惻怛，勤以自勵，日晏忘食。至以欲自焚以答天譴，欲盡除天下之賦以紓民困。卒有五兵不試，禾稼荐登之效，是以青、齊耆耋之叟，願卒弟子治道請登禪者，接踵而至。君子曰：「得乎丘民而爲天子」，帝之謂乎？故帝之功德，炳耀史牒，號稱賢君。若夫太祖之崩不踰年而改元，涪陵縣公（廷美）之貶死，武功王（德昭）之自殺，宋皇后之死不成喪，則後世不能無議焉。

後記

一九九四年拙著：「榮枯得失話唐朝」脫稿，曾有續寫「宋朝開國三君臣」之意，因撰「唐」文必須前往「國家圖書館」閱覽新舊唐書約四百多萬言，查證、擷集資料，花費兩年時間。若再撰「宋」文，又將疲於奔走，且因我妻不幸罹患惡疾，長住醫院，心緒不平，難再閱讀長篇宋史。雖既節錄抄存有關資料，掇集考證，仍須花費很長時間。

四年來陸續寫成各類短文百餘篇，擬分門別類，掇輯成冊。而朝代方面，僅有「唐」文，似嫌單調，不得已再整理「宋」文舊稿，集成「宋朝開國三君臣。」以史料、小說、野史綜而成篇，聊充篇幅。

談到宋朝開國之初，不論史載、小說、野史、戲劇、「陳橋兵變、黃袍加身」、「杯酒釋兵權」、「金匱之盟」、「燭影斧聲，」、等四個節目，均佔有很大份量，也深爲人們茶餘飯後，談話資料。現在我就以這四個節目爲主，寫成本文。

然而，這四個單元，僅從史料看沒有明確記載，實際情形，只有畫龍點睛般寫了一點一滴而已。即以「杯酒釋兵權」的對話，宋史記載極少，是從野史中抄錄而來，佐以朱熹之言，料是確有其事。因此，本文從實際理論去分析，內容包含了某些因素而與史料有所出入。雖說只能助茶餘飯後談話之資，既然涉及歷史，必須將重要不合情理部份說出，才不會有因循贅述之感。我雖然愚魯淺薄無知，在文中也滲雜了一些我見。

對於歷史，古今中外不少擁有權勢者，常以現有的事實衡量歷史，作爲評估的標準，要求臣下部屬在任何情況下，對自己都必須忠誠，絕對忠誠，絕對擁護，不得以任何理由表示異議和批評。所以時人以傳統觀念，鎖定趙匡胤是一個欺騙寡婦孤兒，不忠不義之人，是他一生的污點。但以他得國後對柴氏的優待，自己勤儉生活和處理國政，完全沒有自私自利的行爲，一切執行的內涵，都是苦心孤詣爲國爲民，不再有戰爭、不再有流血，生民不致再塗炭，能過平安快樂時光。證諸他在位十七年，確實做到他所規劃的政策，使人民感到良好。則其情其行不單不會使其令德沾污，史評更贊譽備至，媲美堯舜。

至於趙光義，託太祖之餘蔭，蕭規曹隨，坐享其成，雖繼太祖掃平天下未竟之功，能使中華版圖完整，百姓享受太平之樂。然而「燭影斧聲」疑案，太祖崩不逾年而改元，以及誣貶皇弟廷美，迫死皇姪德昭，宋皇后之死不成喪等，則其德受損矣。談到趙普，雖有開國，釋兵權之功，但兩預傳國大事，依違兩端，不能持正，史論褒貶都有，其德不完美。

從現在去了解過去，只能以合情合理去推論，不能以成敗做論點。歷史其實是現代人的需要而向前人尋求答案，在歷史與理解過程中，一向是糾纏不清，即以清朝文淵閣四庫全書，世稱巨著，竟將岳飛所寫滿江紅中「壯志飢餐胡虜肉，笑談渴飲匈奴血。」改爲「壯志肯忘飛食肉，笑談欲洒滿腔血。」蓋南宋時「胡虜、匈奴」泛指遼金，即清代愛新覺羅族群。所以，時人對歷史，恐怕只能提取經驗和教訓而已。

一九九六載於世界論壇副刊

閒話朱元璋

閑話朱元璋

民族英雄

「長江失險，戰事敗亡，胡虜肆虐，歲無寧日。鐵騎縱橫於中原，狄旗飄揚於長江，遂使胡人得志，漢族夷凌，舉中華錦繡河山，拱手而讓於異族；犬吠鷄鳴，騷擾遍於全國，屠毒百姓，殺人血流成河。哀鴻遍野，慘不忍睹，姦淫擄掠，妻離子散，致中原板蕩，城廓坵墟，海內腥羶，莫此為甚！

斯時也，中國前途，風雲黑暗，天地晦暝，日月無光。幸而天生明太祖，抱滿腔熱血，立救國救民之志，犧牲奮鬥決志，挽國家尊嚴於既倒，救人民生命於水火：揭義旗，集仁禮，人民景從，萬眾一心，掃蕩梟匪，梟匪應聲瓦解。北伐胡元，胡元驚惶北遁。漢土得以光復……。」這是朱元璋統一中國版圖後，人民歌頌他是：「民族英雄」文中的片斷。

自唐末五代以來，遼金侵擾我北疆，蒙元佔領我整個中華，殘暴屠殺，姦淫擄掠，同胞飽受摧殘踐踏，處於水深火熱之中，苟延殘喘，度日如年。朱元璋出現於蒙元政治敗壞，軍事衰弛，人民怨恨到極點之際，打著興「宋」旗幟，飄揚於長江大河之間，以掃滅群雄，驅逐胡元，救人民倒懸，復中華國土爲職志，得到廣大人民和文人學者士大夫的支持，達成掃滅群雄，驅逐胡元，光復淪亡四百三十多年的燕雲十六州，被蒙古統治百年的整個中華國土。且領有許多屬國和藩國；東有朝鮮，南有安南、眞臘、占城、暹羅和南洋群島諸國；內地和邊疆則有許多部族、土司。版圖之廣，屬國之多，可媲美以往任何帝國皇朝，人們尊他爲「民族英雄，」實當之無愧！

漢高祖劉邦爲匹夫有國之始，朱元璋繼之，同是來自民間，而非門閥士大夫衍生的皇帝；劉邦打倒暴秦，朱元璋趕走蒙元，兩人在國史上的聲望，都非常響亮，在民間知名度都極普遍。以實際而論，朱元璋的故事在民間更廣爲流傳。因漢高祖劉邦至今已兩千多年，時間久遠，且歷數個朝代。朱元璋只有短短數百年，明亡後又被異族滿淸統治，益增對他驅逐異族的懷念；更重要的是，漢朝蔡倫發明造紙術，但印刷術在南宋才改進，明朝才盛行。朱元璋身世顚連，幼年坎坷，經歷奇特，爲人牧牛、做過乞兒、和尙、明教徒、紅軍等等。一切一切都是寫故事、小說、傳奇的好資料。因此，故事、小說、軼聞、傳說，流落民間，俯拾可得。

現在根據這些野史、小說、傳聞、參考明史，執筆寫這篇「閑話朱元璋」。

軼事傳聞

朱元璋名重八，在歷代開國皇帝的出身，是最卑微。生於元順帝天曆九年（一三二八），祖籍河南省盱眙縣，祖父不詳，父親朱五四，是一位老實本份的佃農，因受不了佃主欺壓剝削，到處流徙。從盱眙到安徽靈壁，虹縣，最後落籍淮西濠州、鍾離縣（今鳳陽縣）太平鄉，家庭經濟仍是無法改善。朱元璋幼年爲人牧牛、做過乞兒，遊方和尚、紅軍、明教徒；而明教時稱魔教，流傳軼聞故事很多，摘述數則。

朱元璋爲人牧牛時，常和一群小孩玩做皇帝遊戲，雖然光著脚，一身破衣服，把棕樹葉撕成一絲絲，紮在嘴上做鬍鬚，一塊木板頂在頭上做天平冠，一塊破黃布披在身上，土堆上一坐，自己做起皇帝來，其他小孩乖乖地跪在他前面，高呼萬歲。這些孩子包括湯和、徐達、周德興等，後來都成爲跪在他脚下的明朝開國元勳。

朱元璋牧牛時是飢荒年代，一天大家正玩得高興，有一人嚷著肚子餓了，發生連帶作用，大家也感到肚子餓了，沒有東西可吃。朱元璋出主意，把一條小牛殺了火烤吃掉，把皮骨埋了，牛尾塞在半山石縫裡，傍晚回家對主人說：「一條小牛飛進半山石縫裡去了」。主人不信，親自去看，果然牛尾巴因風吹動仍在搖著，主人自己爬不上半山去察看，無可奈何回家。

朱元璋的舅父，任元朝的千總。他到舅父家做小僮，一天替舅父洗脚，看見脚底有一顆痣，好奇的問：「脚底有痣，有什麼作用？」舅父驕傲地說：「脚踏一星，能管千軍萬馬。」他是千總，顧名思義，確是實話。朱元璋脚底卻有七顆痣，衝口說：「那我脚底有七顆痣，能管天下太平了。」不單說還舉起脚給他舅父看。那時說這話是會殺頭的。舅父不敢再收留，叫他走路。朱元璋脚底有無七顆痣，無從查證，所謂做千總的舅父，史未有記載，推論應是杜撰，他母親只有一位姐姐，別無兄弟，那來舅父？再說有做大官的舅父，幼年的生活就不會如此苦了。

元順帝至正四年（一三四四），淮河流域大旱，蝗虫瘟疫相繼，朱元璋的父母和大哥先後病餓死掉，留下二哥重六和他，家裡窮得一清二白，無力舉喪；佃主不單不肯借一點錢辦喪事，連一塊墳地也不肯給。在鄰居協助下，將父母遺體用爛草蓆包裹送往郊野草草掩埋。這又有兩個說法：

一、當天鄉人看見一道紅光墜入荒郊，以為是寶物，動手挖了一個大深坑，一無所獲乃棄之而去。當晚朱元璋和二哥送父母屍體上山，到達該地，忽然天烏地暗，雷聲隆隆，大雨傾盆，只好將父母屍體丟入坑中就急急先回家中，第二天雨停前去掩埋，霍然看見一座大石墳，後來地理師說是：「鳳凰形眼穴」。

二、前面情形一樣，到達山下，還來不及挖土坑，忽然變天，大雨滂沱，兄弟將父母屍體放下，到附近大樹下躲雨，待雨停歇，再去挖坑，屍體卻被山崩泥土掩蓋，成為一個土饅頭，俗稱「天葬」。

父母死後家裡窮，二哥也離開故鄉，從此未再見過面。三十年後朱元璋已爲皇帝，寫「皇陵碑」時還覺得傷心說：「殯無棺槨，體披惡裳，浮掩三尺，奠何殽漿。」這樣看來後者比較正確。

朱元璋在父母死後，僅存的二哥也離家走了，一個人無依無靠，無衣無食，只好到附近皇覺寺去當和尚，其實是小沙彌。那時和尚可以結婚，寺裡除了師父師母，還有師伯師叔師兄，都是自己的長輩，得低聲下氣陪著笑臉侍候；就是打雜挑水煮飯的長工，也講先來後到，支使朱元璋做事。因此，除了做和尚的徒弟以外，還兼長老的雜工，事情多，閑氣也多，日子久了積壓滿肚子火氣，爲了吃飯不敢發作。一天掃佛殿，掃到伽藍殿，一不留神，被伽藍神的脚絆了一絞，對人不敢出氣，對不會動的伽藍神就毫不客氣，順手用掃把打了伽藍神一頓。

一天大殿上供的大紅臘燭給老鼠咬了，挨長老的罵，他認爲伽藍神是管殿宇的不去管，害自己受罵，新仇舊恨，又在伽藍神背上寫：「流配三千里。」以後朱元璋來掃地，伽藍神會自動移位。而「流配三千里」以後也成爲朱元璋懲罰元老，重臣的手段。

朱元璋因爲寺裡鬧飢荒，被迫做了遊方僧侶，到處流浪，沒有固定住宿的地方，一天睡在曠野草地上，天寒地凍，冷得捲縮一團，仰望著月亮星星，高吟：

> 青天爲帳地爲氈，日月星辰伴我眠，
> 夜深不敢長伸足，恐怕山河社稷崩。

他沒有讀過多少書，那能隨口吟出這樣氣壯河嶽，像皇帝身份的詩呢？這當然是寫小說的人爲他寫的。

劉基字伯溫，是浙江棃州的大地主，爲了保身家，在家鄉元朝地方政府做事，他懂陰陽數理，算出元朝氣數將盡，新帝將出現。有一天告訴官員說：「有人要造反了，現在某地歇息，手拿金印，身帶無數兵卒。」政府即派兵前往捉拿，至則只見到一個小孩，衣著破爛，一身骯污，頭上長瘡，蒼蠅滿身，手上拿著一塊已轉黃的豆腐乾，根本沒有兵卒，乃無功而返。劉基知道這是天意，就投奔朱元璋，幫助他打天下。上面這些話，以術士言是隱語，天機不可洩漏，豆腐乾是金印，蒼蠅是兵卒，但劉基在朱元璋攻下棃州，才被羅致。

朱元璋掃平群雄，趕走胡元，成爲明朝開國皇帝，劉基深切了解朱元璋的心胸狹窄，心性多疑，只可共患難，不能共富貴。皇朝成立後，即請求退休，在南京近郊一座大山築一密室，有後門直通深山，前門有徒弟瞭望，若看到不喜歡的人前來，即由後門到山中漫遊。朱元璋常來探望，或派人請去南京商議國事。劉基雖想以隱居遁世，淡泊名利，爲朱元璋規劃治國綱要，卻不能規劃自己，胡惟庸案發，被牽連遭到毒死。

「兎死狗烹，鳥盡弓藏。」朱元璋殘殺功臣十數萬，抄沒財產無數。一天私訪一間破寺，裡面空無一人，牆上卻畫了一個和尚，背著一個大袋，有詩一首：

大千世界浩茫茫，收拾都將一袋藏，
畢竟有收還有放，放寬些子又何妨。

這首墨未乾的詩，明顯諷罵和勸解朱元璋，但朱元璋生性固執，從不受人勸，因此大怒，下令搜捕，而附近根本沒有人。

朱元璋出身寒微，做了皇帝後，想有顯赫或較好的祖系，找來找去沒法找到合適的，最後想到宋代理學大師朱熹，聲望還不錯，決定做爲自己的祖先。就在書寫皇系時有一名姓朱的小官，朱元璋問：「你是朱熹的子孫嗎？」回答說：「我不認識他。」朱元璋心想他是小人物，都不肯認朱熹爲祖先，我是皇帝，爲什麼要認他。否則朱熹有一個做皇帝的裔孫，地下有知，不知該歡喜還是失望！

朱元璋身體魁梧，相貌奇特，大頭，頭頂有奇骨隆起，黑臉堂，粗眉毛，大眼睛，大鼻子，大耳朵，高顴骨，下巴比上顎幾乎長出一寸，樣子不太叫人喜歡，尤其晚年大殺臣僚以後，目露兇光，滿臉煞氣，使人望而生畏。爲了能讓自己的像留給後代，著畫工畫像，雖畫得十分逼眞，總不滿意，氣怒起來還殺了不少畫工。後來一個畫工知道自己畫得再眞實，也難逃殺頭之禍，不如將輪廓畫得有點像，臉上卻沒有一點煞氣，甚而充滿慈祥和氣，這樣朱元璋才滿意，再畫了很多張，分賜諸王，作爲傳家之寶。流傳到現在的就是這個版本。

朱元璋的渾號特別多，除了「民族英雄」、「平民皇帝」，是人民尊崇他趕走胡元，恢復國土。其餘「和尚皇帝」、「乞丐皇帝」、「臭頭皇帝」等多少有些諷笑的成份；而朱牧兒、明教徒、紅巾賊等，更是罵他，也說明他出身微賤。等他做了皇帝，這些渾號和一些有關連的文字，都遭到刪改和禁止。其他軼聞傳說一籮筐，實在寫不勝寫，就不再贅述。

朱元璋的機運

朱元璋一家，除他自己和二哥全因飢餓瘟疫死了，而二哥遠走他方，自個兒無依無靠，無法找到工作，天天受飢挨餓，廹於無奈，於十五歲那年九月到皇覺寺做了小沙彌，剃成光頭，披上師父穿爛的破衲衣，做了佛門弟子。早晚掃地上香、打鐘、擊鼓、煮飯、洗衣、唸經，生活暫時有靠。但好景不常，才當了五十天小沙彌，因廟產受災情影響，收不到田租，古廟也鬧飢荒，師伯師叔和師兄以及掛單的和尚，都出門雲遊，除了師父一家，全部各奔前程，最後朱元璋也被打發，沒奈何只好出門行脚；雖不會唸經，做佛事，一頂箬帽，一個木魚，一個瓦砵，就這樣步上遊僧之途。

遊方僧因爲要伸手向人要錢要米，美其名「化緣」俗稱「叫化子」。那時大戶人家，專門剝削平民大衆，但很敬畏神佛，大概壞事做多了，希望以佈施，多做點好事消災修來世，免得死後入地獄、上刀山、下油鍋。因此產生心理作用，對和尚很客氣，把從平民佃農身上搾來的錢，拿出一點來佈施齋僧，算是對神明的賄賂。這樣聽見木魚聲，知道該做好事的機會來了，一杓米，幾文錢，絕不會吝惜。

「化緣」也要學會說謊話，所說廟宇要說名山的大廟，化緣是爲翻修寶雄大殿、菩薩裝金等等大理由，善男信女義的名字就上了化緣簿，一方有收入，一方認爲做了善事，就心安理得。假如碰到慳吝的財主，不肯施捨，將木魚敲打得很響，讓左右鄰居都聽得到，屋主爲了「善人」的面子，非慷慨掏腰包不可。朱元璋住皇覺寺的時間很短，佛經沒有唸幾頁，而說謊的本領倒學會了。憑著這一套化緣手段，以濠州爲中心，遊走於東西南北比較富庶的州縣，穿城越村，對著大戶人家敲木魚，軟化硬討，雖受盡人生飄零之苦，但吃的解決了，整個淮西的名都大邑，山川河流，人情風俗物產，充實自己見聞和豐富經驗，鍛鍊自己的體力，這對自己以後的人生機運有很大幫助。他後來寫了一篇「皇陵碑」。

衆各爲計，雲水飄颺，我何作爲，百無所長。依親自辱，仰天茫茫。既非所倚，侶彩相將。突朝烟而急進，暮投古寺以趨蹌。仰崇崖崔嵬而倚碧，聽猿啼夜月而淒涼！魂悠悠而覺父母無有，志落魄而快佯。西風鶴唳，俄淅瀝以飛霜。身如蓬逐風而不止，心滾滾乎沸湯。

朱元璋在幾年遊方中，西系紅軍開山祖師彭瑩玉，也是遊方和尚，正在這一帶秘密活動，傳佈「彌勒佛」的教義。朱元璋雖沒有和他見過面，和他的黨徒卻有過接觸。他身世顛連，生活困頓，很容易接受新的宗教，新的思想和看法，因而參加了秘密組織，這可說是他人生機運的開始。

元朝至正八年（一三四八），朱元璋回到皇覺寺，開始結交有志氣、有膽識、敢作敢爲的好漢做朋友，更立志多識字、多讀書，經過五年時間，這異常的情形，被人發覺，認爲是不安份的人，爲安全被迫離開皇覺寺，參加了紅軍。

在彭和尚的「彌勒教」同時，北方又有「白蓮教」，燒香結衆，很得人民信仰。現由韓山童主持，宣稱天下要大亂，「彌勒佛」降生，「明王」出世。還有「白蓮教」是信奉佛教，和「彌勒教」的教義相同。既然大家的信仰相同，都是要推翻元朝政府為目的。所謂「明王」，是說黑暗就要過去，光明就要到來。為了組織教徒，用紅布裹頭，時人稱「紅巾」或「紅軍」。因燒香拜佛，又稱「香軍」。傳言明王出世，又叫「明教」；又有稱「白蓮」教。因而出現民軍組織，竹竿鋤頭隊伍的農民軍起義。雖然被元軍壓制、掃蕩、屠殺，而人民反抗的情緒，此起彼落，永不屈服，跌倒了，爬起來再反抗，永遠反抗下去，直到實現理想目的為止。

牧童做將軍

朱元璋於元至正十二年（一三五二），到濠州城投奔紅軍五個元帥之一的郭子興，入伍做了兵，這時已二十五歲，經過幼年的艱困，遊方做和尚，加上這幾年在廟裡讀書，見識學問都比一般兵卒為強，計謀多，有決斷，態度親和，聰明伶俐，記性又強，上課練藝，努力用功，身材結實魁梧，短短時間，同隊人喜歡他，聽他的話，隊長誇千中選一的人才。郭元帥也很喜歡，調回帥府為親兵。朱元璋更凡事小心勤快，敢作敢為，得了命令，執行很快，辦得妥善，打仗總是領頭向前，一定完成預期的戰果；得到的戰利品，不論什麼多少，全部獻給元帥，得到功勞，說是大家的，得到賞賜，公平分給同伴，又認得一些字墨，那時兵卒多是文盲。幾個月後，在軍隊裡名聲很好，勇敢、能幹、正直、大方、有見識、講義氣。郭元帥不單喜歡，甚而看作心腹，逐漸委以重任，他也言聽計從。

郭元帥的二夫人張氏，撫養了一個孤女，原是郭元帥老友馬公臨死托付的，現已成年，甚是賢德。郭元帥愛重朱元璋，要他出死力效忠，招贅爲女婿。朱元璋平白做了元帥的嬌客，前程多一層靠山，更何況是元帥主婚，面子更爲光彩，從此軍中改稱朱公子而不名。有了身份，起了一個官名叫「朱元璋」字「國瑞」，以後沒有人再叫他朱重八。

郭元帥和其他四個元帥面和心不和，後來徐州被元兵攻下，又圍濠州半年之久。雖因元將病死而解圍，而朱元璋看出紅軍負責人心胸狹窄，眼光短小，成不了什麼氣候，想要有一番作爲，自己得有隊伍，才有力量，乃請假回故鄉招兵。少年時的伙伴徐達，湯和等數十人，聽說朱元璋做了紅軍頭目，都來投效，不過十天功夫，招募了七百多人。郭子興大喜，元至正十三年（一三五三）六月，派朱元璋爲鎮撫，一躍而爲帶兵官，牧童做了將軍，一年後又以軍功升爲總管。因徐州敗陣下來的彭大、趙均用率領殘兵投奔濠州，五位元帥不能團結，竟反客爲主，聽他們調度，濠州解圍後，彭大自稱爲魯王，趙均用爲永義王。

彭、趙二人管理軍隊，毫無紀律，隨便做壞事，不聽勸，不能改。朱元璋認爲這樣下去沒有前途，決心自己向外發展，把新兵交給郭元帥，自己帶領貼身伙伴徐達、湯和等二十四人南遊定遠，使個計策，招降了張家堡驢碑寨三千民兵，向東而行，半夜裡偷襲元將老張，收降了男女七萬口，挑選精壯勇士兩萬人，成爲一支浩浩蕩蕩的隊伍。朱元璋立即重新編組，加強訓練，注重紀律；特別認爲紀律非常重要，懇切告誡將士說：「你們原是大部隊，爲何會到我這邊來，原因是你的將官沒有紀律，士兵缺乏訓練。現在我們建立嚴格紀律，嚴格訓練，才能建功立業，大家才有前途」！

馮國用、國勝兩兄弟原是地主，天下大亂後團結地方鄉民和佃戶，建立堡寨自衛。聽說朱元璋的軍隊紀律不錯，領隊投效。他兄弟原是讀書人，朱元璋請問今後該如何辦？國用認爲：集慶（現在的南京）形勢天成，有「龍蟠虎踞」之稱，多少代皇帝的都城，能先攻佔作爲根據地，站穩了再圖發展，不貪女子玉帛，多做好事，得到人民支持，建功立業不是難事。朱元璋聽了很高興，留作幕府參謀，把兩家部隊合併，南下攻滁州。

在進軍滁州時，李善長到軍門求見。李善長頭腦清楚，有遠見、有智謀，善於料事，學的是法家，和朱元璋談及天下形勢，勸他學「漢高祖劉邦，雖出身平民，而氣度大，看得遠，心胸寬大，會用人，又不亂殺人，五年功夫，便打平天下；元朝政治一團糟，已到土崩瓦解時候，濠州和沛縣相去不遠，如能學這位同鄉，天下太平也就快了。」李善長是朱元璋羅致的第一位謀士。朱元璋聽了李善長的話，連聲叫好，留作書記。同時又說：「如今群雄並起，天下糜爛，仗要打得好，要有好的參謀人才。我看群雄中參謀和將士的意見無法協調，自然難以打得勝仗，今後你要做好橋樑，溝通好將士和主帥及將士間的意見，盡心盡力提拔有能力和有功的人，讓大家能安心做事。」他自從知道有一位做皇帝的大同鄉，常找些有關書籍來看，說話辦事，打仗等事事都刻意模仿。

滁州很快攻下，朱元璋已故大哥的兒子朱文正，外甥李文忠和定遠人沐英前來投靠。朱元璋把這三個大孩子，均收為義子，改姓為朱。當時帶兵的將領流行收養俊秀勇猛的青年為義子，培養成心腹幹部，打仗時肯拚命，要緊關頭還用來監視諸將。朱元璋的義子除文正等三人，還有二十幾個，後來佔領城池，派往協同守衛，實際是監督。即以胡大海是朱元璋的忠誠大將，尚且派朱文忠監視，且有節制之權，這例子說明義子的作用；也說明朱元璋對任何大將還沒渡江就已開始不放心情形，這心態造成以後屠殺功臣的基因。而且還用將士家屬留在後方作抵押，這法子在過江時就既實行。當時馬夫人和諸將士家屬留在和州，攻下集慶時也是如此。朱元璋說：「與我取城的總兵官、妻子俱要留在京住，不許搬取外出。」又說：「將官正妻留京城居住，任由外處娶妾。」這是朱元璋防範將領手段之一。當時社會元配很重要，為顧及妻子安全，自然不敢不乖乖聽話和叛變了。同時還規定：「所克城池，令將軍守之，勿令儒者在左右，議論古今。」又是朱元璋處處設防，不信任文臣武將的證明。

和尚做大元帥

元至正十五年，紅軍在濠州立韓林兒為皇帝，又稱小明王，臣民稱為主公，建國號為「宋」，年號龍鳳。同年三月郭子興病逝，軍務由明王委任其子郭天敍繼任，張天佑、朱元璋為左右副元帥。小明王稱國號為「宋」似乎不倫不類，自己姓韓卻稱趙家的國號，實在不應該。

朱元璋雖是偏將，但因郭天敍不懂軍務，張天佑一勇之夫。朱元璋會籠絡人，又有徐達、湯和等大批勇將，更有自己系統經過訓練的軍隊。朱元璋生性又陰險狠毒，立意要吞掉郭系軍隊，對郭、張兩帥時時使心計，利用李善長、馮國用等文墨幫手，很快就掌握住主導權。不久常遇春又來投奔，這位勇冠三軍，性情剛直，又有智謀，更加如虎添翼。但軍中欠缺糧食，對於江南產米區，一江之隔，無船可渡，徒望長江而興嘆，深感懊惱！所幸不久巢湖水盜頭目因事相求，乃結合船隊於六月初一，乘風渡江，直達采石。常遇春一馬當先攻向元軍，一舉掃平沿江堡壘。朱元璋效法西楚霸王「破釜沉舟」之法，把船纜全數斬斷，船順流而去，斷了回北岸的念頭，使將士只有向前，沒有退路，乘勝直取太平。朱元璋知道破城後多有搶劫情形，乃下令不許姦淫擄掠，違者按軍法處置，因此深得民心。但為了擁有水軍、掌握水軍，在慶功宴中將巢湖頭目之一灌醉，綑住手脚丟入河中，朱元璋從此有了水軍。太平地方的儒士李習、陶安勸說：「如今群雄並起，不過搶女子玉帛，若能反群雄行為，不殺人、不擄掠、不燒房子，東取集慶，可以做一番大事業。」朱元璋從此更注重軍紀。

陳埜先是元軍的大將，前來攻打太平，被朱元璋擒獲，不單不殺，反而結為兄弟。實則陳埜先是假投降，朱元璋也知道而不說明，著與郭天敍元帥，張天佑副帥攻打集慶。在攻城前夕，陳埜先與郭、張二帥飲酒，席間殺了郭天敍，生擒張天佑，送給元將也給殺了，稍後陳埜先又給民兵殺了。朱元璋借刀殺了郭、張二帥，連郭子興的次子天爵也殺了，斬草除根，報答提攜他的恩人郭子興，眞是心狠手辣。最後郭子興的舊部，全歸自己，成爲名實一致的大元帥，小明王麾下最有實力的大元帥，連郭子興的小女兒都不放過，收爲第三小妾。

龍鳳二年（至正十六，公元一三五六），二月，朱元璋大敗元朝水軍，盡擄其舟艦。三月初一水陸並進攻打集慶，城破守將戰死，元帥康茂才率軍民五十萬投降。朱元璋剴切宣告：「元朝政府腐敗，到處在打仗，百姓吃夠了苦，我替你們除掉，大家只要安心做事，不用害怕。好人我用他，壞事替你們除掉，做官的不要亂來，叫百姓吃苦。」這幾句話安定了人心，恢復了秩序。

集慶改爲應天府（南京）設天興建康翼統軍大元帥府。以廖永安爲統軍元帥，趙忠爲興國翼元帥，守太平。儒士夏煌等十數人，先後進見，均以錄用。小明王得到捷報，升朱元璋爲樞密院同僉。不久又升爲江南等處行中書平章，李善長爲左右司郎中，諸將都升元帥。朱元璋這時才二十九歲，離開皇覺寺才短短幾年。既經獨當一面的首長，統率數十萬大軍的元帥。

中書省左丞相

朱元璋攻佔應天以後，地理形勢，非常有利，東方張士誠，西方徐壽輝（稍後被陳友諒取而代之）北方有小明王，有這三顆衛星保護著，使他不用擔心元兵主力攻擊，自己可以逐漸鞏固地盤，擴充實力，消滅群雄，拓土開疆，訓練軍隊，廣儲糧食。爲了將士不殺人放火，姦淫擄掠，和人民作對，失去民心，暗中和徐達說通，故意找出徐達的錯處，綁了請王命處斬。李善長和一群幕僚將軍，再三求請，說好說歹，才鬆了綁，當面吩咐以後任何人攻下城池，不得有對不起老百姓的事。從此軍紀嚴明，秋毫無犯，所到之處受人歡迎。

朱元璋回到皇覺寺曾苦讀了數年經書，這幾年深知道讀書的好處，苦於自己讀的不多，很多道理說不出來，所以很尊敬有學問的讀書人。凡是地方上有名氣，老百姓敬重的讀書人，必定想辦法羅致在府裡做秘書。老儒朱升說了三句話：「高築牆、廣積糧、慢稱王。」這雖然只有九個字，但意義深遠，即以「慢稱王」來說就很正確，因爲稱了王，目標大，會引起敵人的注意，招來不必要的麻煩。

渡江以後仍遭受到缺糧情形，年來戰亂頻頻，農村壯丁大多當兵去了，勞動力缺乏，收成減少，要鄉人納糧，很少自願繳納，強征又傷民意。想要立下一份好基業，不如自己來生產，古時不是有「屯田」的例子嗎？乃於龍鳳四年（一三五八）二月，派康茂才爲都水營田使，專門負責修築河渠，興建水利，恢復農田生產，供給軍需；派諸將率士兵開墾荒地，且耕且戰，一年功夫，成績顯著，倉庫滿盈，軍糧充足，明令禁止征糧，減少人民負擔，足食足兵，兩方顧到。

外圍威脅暫時解除，內部生產有了成果，目光轉移到浙東的糧倉。朱元璋乃於十二月親自率領十萬大軍進攻婺州，軍旗上掛著金牌，刻著「奉天都統中華」。攻下婺州，置浙東中書行省，於省門建兩大黃旗，上面寫著「山河奄有中華地，日月重開大宋天。」兩旁立木牌：「九天日月開黃道，宋國江山復寶圖。」朱元璋仍是以復興「宋」朝爲號召。

婺州是兩百年來的理學中心，號爲小鄒魯。經過多年戰亂，學校關門，儒生星散。朱元璋一進城立刻聘當地著名學者多人，分別講經解史，建立郡學，請學者當五經師和學正訓導，其中最著名的是宋濂。朱元璋開始和儒學接觸了，受諸儒的影響，做了以政治作爲收拾人心——尤其是讀書人的好方法。他原是紅軍頭目，宣傳「明王」出世的「明教」徒，與儒家思想格格不相融。現在卻請儒生講孔孟經典，思想已經開始轉型。雖做「宋」朝小明王的官，喊的是復「宋」的口號，很明顯，朱元璋是沒有中心思想，多面孔的人。

龍鳳五年，小明王升朱元璋爲：「儀同三司江南等中書省左丞相。」八月元將攻下汴州，小明王退保安豐，朱元璋卻掃平元軍在東南各處的據點。現在轄有的領地，東北面至張士誠，西方陳友諒，東南方國珍，南鄰陳有志。而後二人，志在保土割據，並無遠大圖謀。

第二年新正初一，朱元璋親自寫了一副春聯：「六龍時遇千官覲，五虎功成上將封。」貼在中書行省大門，志得意豪，頗具氣勢。實則論官既是「宋」的丞相，可以代表皇帝任官發令，論軍職是上將，可以便宜征討殺伐，心中實在得意。而且浙東大部份已平定，豪門望族，尤其劉基、葉琛、章溢這幾個名士，家業大，學問好，能號召人民，原先因怕元朝而不敢投向朱元璋，現在迫於情勢，把他們請到應天來。朱元璋心中非常高興，蓋了一座「禮賢館」作爲賢士的住處。

劉基等都遵禮守法慣了，頭腦也很保守，和紅軍那一套殺長官，打地主，捧明王，念彌勒佛的宗教情緒，本來不會融合。但既然紅軍首領不嫌棄，不算舊帳，也就順應時勢，利用朱元璋的雄厚兵力，幫助建立新政府，新政權，繼續維持數千年來的傳統秩序和習慣文化，貧富貴賤，文武結合起來統治不識字的百姓，保障豪門巨室的既得利益。朱元璋爲了建立自己的基業和豪門巨室，孔、孟儒術的理論彩飾因而合作，可說各得所需。但在元朝強大軍事壓力，還得靠紅軍掩護和支持，還是小明王的臣下，發令辦事，都是：「皇帝聖旨」，開口大「宋」，好像是「宋」朝的忠臣良將。一到小明王的軍力被元軍消滅後，就公開傾向儒生這一邊？開口「妖寇」，閉口「妖賊」，好像他從來沒有當過「妖寇」和「妖賊」。談孔論孟，引經據典，自命爲恢復秩序，保存舊文化的衛道者。從這些零碎片斷，可以看出朱元璋多麼善變。事實一個遊方和尙投身紅軍爲小親兵，只短短十年，從頭包紅巾，身穿戰裙戰襖，手執大刀，聽戰鼓一擂，就得奮勇上前；如今居然長袍大袖，八字脚走路，斯斯文文，滿嘴三皇五帝，四書五經，談今說古，成爲繼堯、舜、禹、湯、文武、周公、孔、孟道統說教的人了，這變化多麼大啊！

東守西攻

長江流域，現在是三強鼎立。朱元璋自己據中游，陳友諒在上游（是徐壽輝的主將），張士誠在下游。朱元璋被夾在中間，東西兩方面，都是自己的敵人。張士誠多疑，比較保守，也較富庶。陳友諒兇悍，企圖心強，野心大，慾望高，進取心強。朱元璋考慮至再，擬定戰略，決定對東方張士誠以守爲攻，扼住江陰、常州幾個據點，不准向西一步。對西方陳友諒，則以攻爲守。假設攻擊的要塞目標，使陳友諒分兵守衛，以致兵力分散，不能集中使用，得以各個擊破。

龍鳳六年（一三六〇）陳友諒不待朱元璋攻擊，卻先攻來了。五月攻下太平，大軍進駐采石，以爲應天剋日可下，使人殺了徐壽輝，不等待選擇黃道吉日，挑個好地方，竟在采石五通廟裡，於暴風雨中匆匆忙忙即皇帝位，國號「漢」，年號大義。其時陳友諒據有江南湖廣之地，而部隊又很精銳，而且擁有水軍混江龍、塞斷江、撞倒山、江海鰲等大小軍艦百多艘，戰舸數百條，帶甲數十萬，眞是投戈可以斷流。就以軍艦之名，可知其巨大。他以上級自居，沒有經過協商，以命令式使人通知張士誠夾攻應天。他認爲應天朱元璋是碗裡的肉，盤裡的魚，伸手就可以拿到。消息傳到應天，確實使大家嚇慌了，有人主張投降，有人主張逃亡，擾嚷不已，難有定見。朱元璋沉住氣，單獨和劉基密談。劉基說：「別人可以降，仍可以保全職位，丞相降不單職位不保，甚而性命也不保，降逃都不是辦法，出路只有一條，置之死地而後生，但必須先有決定的堅強戰志。」朱元璋乃決定抵抗。

抵抗有兩個戰法，一是東西作戰，但兵力一分，必敗無疑。二是尋找機會，就是被動，也非善策。分析戰情，主敵是陳友諒、張士誠祗是配角，兵力陳強張弱，士氣陳驕張綏，水軍陳多張少。從這些分析看來，只要能夠擊敗陳友諒，張士誠就不足爲懼。如何製造機會，掌握先機，使陳友諒來攻呢？適巧部將康茂才和陳友諒原是老朋友，康茂才的老門房也曾侍候過陳友諒。康茂才乃以投降爲名，修書叫門房送給陳友諒，約期三路攻打應天，他在某地接應。陳友諒深信不疑，表示同意。

陳友諒的行軍路線已經知道，軍力分配明白。乃調胡大海暗中攻取江西廣信，搗陳友諒的後路，一面依陳友諒行軍路線，設下埋伏。朱元璋親自在山頂指揮，舉旗爲號。這一仗的結果，山上打，水裡打，陳友諒的主力全被殲滅，殺死淹死，不計其數，俘虜就有兩萬多人，先前被陳友諒侵佔的城鎮，全部收回來。

龍鳳七年正月，小明王封朱元璋爲吳國公。七月，陳友諒不服輸，又遣將攻下安慶。朱元璋極爲憤怒，決定西攻，龍驤巨艦上掛大旗：「弔民伐罪，納順招降」八個大字。

陳友諒爲人忌能護短，自從殺了徐壽輝之後，徐的舊部很多投降朱元璋，造成陳友諒將帥不和，軍心離散。因此，朱元璋親自統軍順風溯流，攻下安慶、江州，守將丁普郎、傅友德全軍歸附。陳友諒逃回武昌，江西和湖北東南土地全爲朱元璋所有。在此期間，江北紅軍有很大變化。紅軍各將領不和，被元軍各個擊破，軍力衰減，失去山東。小明王的皇都若保不住，會影響到應天的安全。

這幾年朱元璋全靠小明王的大軍，在北方掩護，隔離元朝主力，才得到安全和發展，如今局勢突變，要直接和元軍對壘，估計實力，相差還遠，實在難以抵擋。爲預留退步，兩次派代表去見元軍主帥察罕帖木兒，送上重禮和親筆信函，要求通好。察罕也欣然接受，並著戶部尚書張昶帶了御酒，八寶頂帽和任命朱元璋爲榮祿大夫、江南等處中書平章政事的詔書，於龍鳳八年（一三六二）十二月送到應天。不久察罕被人刺死；其子擴廓帖木兒繼爲統帥，又和一大將孛羅帖木兒，搶奪地盤，打得難解難分，暫時不可能南下。朱元璋又斷了投降的念頭，仍然做他「宋」朝的吳國公。由此看出朱元璋是機會主義反覆無常的狡獪者。

當元朝統帥的代表帶著元朝官誥到應天時，海寧人葉兌寫信給朱元璋，勸他不要接受元朝官爵，自創局面，立基業，並且指出軍略步驟。朱元璋即作爲以後軍事進程的參考。

山東益都陷落後，龍鳳九年二月，張士誠派呂珍圍攻安豐，城裡缺糧，糧道又被切斷，不單人吃人，腐屍也炸成丸子充飢，情勢危急，小明王派人向朱元璋求援。劉基極力勸阻，認爲大兵不宜輕出，救駕出來又如何安置？不如讓呂珍解決掉，落得乾淨；且陳友諒在上游時思報仇，萬一乘虛來攻，進退無路，將若之何？朱元璋則以安豐若失守，應天失去屏障，從軍事觀點不能不救。遂不聽劉基之勸，親自統兵出發，救出小明王，擺設鑾駕迎至滁州暫住，臨時建宮殿，左右宦者，全換上自己人，供養卻極其豐裕，而防備則甚爲嚴密。現在的小明王，名爲皇帝，其實是朱元璋的傀儡。

朱元璋出兵安豐時，陳友諒果如劉基之言，乘隙進攻，但因上次的教訓，不敢直攻應天，卻率水陸大軍六十萬，浩浩蕩蕩進入鄱陽湖，圍攻洪都（南昌）沿湖州縣全部被佔領。這次陳友諒造了十幾艘特大戰艦，全部漆成紅色，分上中下三層，每層有走馬棚，載著百官和家小，空國而來。洪都城牆原來臨近湖水，上次陳友諒的士兵可以在艦上和城上守軍作戰，來去自如，守城軍兵吃了大虧。戰事結束後，守城將軍把臨湖城牆拆掉，改建在退後數十丈處，使來攻城的水軍，必須下船才能攻城。守將朱文正是朱元璋的親侄，勇敢而機智，陳友諒用盡方法攻城，朱文正亦用盡方法守城。你來我往，爭奪了八十五天，陳友諒始終無法獲勝。直到七月朱元璋親自率領大軍來救，陳友諒只好放棄圍城，改攻朱元璋。

朱元璋率軍進入鄱陽湖時，即將出口堵死，抱必勝的決心。這樣陳友諒固然不能逃脫，萬一發生意外，自己也難脫身。眞是關門困鬥，拚個你死我活，勝則成王，敗則名滅。論實力朱元璋大遜陳友諒，以二十萬對六十萬懸殊比數，像以蛋擊石，勝算極微。但陳友諒圍攻洪都花了近三個月時間而不能下，士氣已經受挫，動搖了必勝信念。朱元璋千里救危城，生死關頭決於一戰，士氣旺盛，戰志高昂，勝於陳軍。陳軍數十艘龐大軍艦，聯在一起，塗成紅色，非常壯觀；且不受風浪顚簸，人在船上，如在平地。惟龐然大物，行動不夠靈活，是兵家所不宜。朱元璋的船小，漆成白色，因體積小，行動方便，運用靈活。陳軍常以大欺小，衝撞小船。朱元璋則利用小船輕便快速，儎著油燃物料，迅速滑進大船隊裡，乘風放火燒船，或以遊擊手法，用火砲攻擊後即快速離開，大船無可奈何？因此，小船反而佔了優勢。指揮而論，陳友諒生性專橫，暴燥多疑，部下只能聽命行事，不敢多所進言。朱元璋有劉基等一班謀士，經驗豐富的幕僚群，勇猛戰將和昂揚士氣，上下團結一致；更重要的是補給，兵少有南昌和長江方面以及沿湖收復的州縣源源接濟，無虞缺乏。陳友諒人多，圍南昌花了太多時間，現在後方被切斷，成爲糧缺士疲，失去鬥志。

雙方在鄱陽湖你來我往捉迷藏，經過一個多月，陳友諒軍無糧食，右金吾將軍建議把船燒掉，全軍登陸走湖南返武漢；左金吾將軍則主張再戰。陳友諒雖同意走陸路，但猶疑不決。左金吾將軍怕得罪了陳友諒，乘機領軍投降朱元璋。右金吾將軍看情形不對也緊跟著投降。兩員大將走後，陳友諒的軍威益爲減削，決定退兵，打算衝出湖口，不料後面白船跟著而來，前面又是白船擋路，前後受敵，情勢不明。陳友諒爲瞭解實際狀況，決定繼續奮鬥或逃亡，頭探窗外，親自察看，不幸頭才伸出，卻被冷箭射死。部將保著陳友諒的屍體和太子陳理逃回武漢。第二年陳理向朱元璋投降，被送往高麗居住，從此西線無戰事。

戰事是勝利結束了，朱元璋可也險極，有一次和劉基在朱元璋船上密談，被陳友諒發現，派水手潛至船底爆炸，幸得劉基機警，急速和朱元璋換船，千鈞一髮之際坐船被炸了。又一次朱元璋被陳友諒追趕，船卻擱在小沙洲上，情勢非常危急，幸及時吹來狂風，湧來怒濤，將船吹離沙洲，才得脫困。另一次朱元璋的船被陳友諒困在岸邊，迫得從陸地逃生，陳友諒緊追不捨，追到廬山青雲峽，危崖聳立，上無攀登之路，下臨百丈絕壑，已臨絕境，在危急之際，據說，一條巨龍自天而降，化成跨壑的虹橋，朱元璋跨過後，又晴天霹靂，將橋擊斷，朱元璋化險平安。至於陳友諒之死，始終弄不清楚是誰射的箭。不管如何，朱元璋總得焚香感謝蒼天眷佑？又對劉基說：「我眞不該到安豐去，假如陳友諒趁我外出，應天空虛，順流而下，我進無所據，退無所依，大事去矣。幸而他不直攻應天，反而去圍南昌，南昌守了近三個月，給我充份時間和機會，這一仗雖然打了勝仗，可眞危險和僥倖」！

朱元璋不單僥倖勝了陳友諒，除了上面所說的化危爲安以外，上蒼也特別眷顧他。當察罕帖木兒的兵力威脅應天，正接洽投降事宜，察罕被人刺殺，其子擴廓準備南征，又和孛羅帖木兒爲搶地盤，打得難解難分。而陳友諒第一次約張士誠夾攻應天，張士誠遲疑誤了事，第二次爲救安豐，不聽劉基勸阻，執意孤行，陳友諒乘隙而來，卻不攻應天而圍南昌，一次二次把機會失掉，最後又被流矢射死！上天實在眷顧朱元璋，大概是「天命有歸。」既然如此，第一步先完成做「王」的願望。幾年前就有童謠：「富漢莫起樓，貧漢莫起屋，但看羊兒年，便是吳家國」。

親兵稱王

應天原是三國時東吳孫權的國都，今年是羊年，童謠已經應驗。乃於龍鳳十年（一三六四），未向明王申請，自立爲「吳王」，設置百官。以李善長、徐達爲左右丞相，常遇春、俞通海爲平章政事，劉基爲軍師，其餘百官，皆按制例封賞，立長子標爲世子。此後用：

「皇帝聖旨，吳王令旨，」仍尊小明王發佈命令。但張士誠已先稱「吳王」，爲易以分別：一般人稱張士誠爲「東吳王」，朱元璋爲「西吳王」。兩人都在江南稱「吳王」，相距咫尺，一山不能藏兩虎，一地怎可有兩王，且爲政略關係，必須消滅張士誠。

陳友諒已經覆亡，也該徹底消滅張士誠的時候。乃於龍鳳十一年十月採取斷枝法，先攻佔張士誠江北據點，使之侷限於長江之南；繼於十二年五月發動宣傳攻勢東征張士誠檄文（後載），八月分兵攻佔湖州、杭州，切斷張士誠的雙臂，於十二月攻破首都平江，俘擄張士誠，江南大部掃平。

小明王冤沉江底

張士誠滅亡後，朱元璋派大將廖永忠到滁州，迎接小明王和劉福通到應天府來安居。他們心裡非常高興，認爲朱元璋忠義可嘉。卻未料暗藏殺機，到達瓜州，船被弄破，沉入江底，小明王、劉福通雙雙與魚鱉爲伍。小明王的「宋」國就此滅亡。朱元璋隨即嚴禁以後不得再使用龍鳳年號，而龍鳳二字，也限制使用，以前有過的記載，也設法湮滅，朱元璋也脫離龍鳳臣屬關係。自此，不再用龍鳳和元朝至正年號，改用吳洪武年號。

南征北伐

公元一三六七年，洪武元年朱元璋已保有江南和大部份土地，都屬富庶和繁榮的地方。

並決定南征北伐大計。南征分派大將按照以前海寧人葉兌所獻的策略，從福建至廣東和西南，用不到很多兵力，可以馬到成功。至於北伐，則採用挖根法。朱元璋命徐達總制諸軍，分由山東迂迴河南再搗北京元朝的大都。出發前發出檄文（後載）。這時元朝主將擴廓和孛羅，爲爭奪地盤，仍打得你死我活，明知國亡無日，大都危在旦夕，都不肯握手言和，共禦強敵，應了古語：「鷸蚌相爭，漁翁得利。」朱元璋的軍隊，在夾縫中獲得勝利。於洪武元年正月，只花了三個月時間平定山東，繼而攻取河南歸德、許州，汴京不戰而降，進而取洛陽，河南全境順利平定。至此，元軍望風逃竄降附，無人抵抗，無人堵截，小城降，大城也降，漢官漢軍棄城逃走，蒙古色目人也逃走。眞是：「土崩瓦解，勢如破竹」。

克潼關堵住元軍出路，對大都成三面包圍之勢。元順帝怕蹈宋朝徽、欽二帝的覆轍，於七月二十八日夜率后妃太子逃亡，八月二日北伐軍進入大都。淪陷了四百三十多年的名都光復。宋朝沒有能力實踐人民光復的願望，朱元璋做到了，歷史的錯誤、污點、恥辱，朱元璋煎雪了，朱元璋成爲當時的「民族英雄」。蒙元政府，從滅金算起，統治大都達一百四十三年，從滅宋算起，也已九十年。現在漢土光復，雖戰爭仍未結束，不是本文主要部份，不予述說。

現在補述朱元璋東征張士誠和北伐蒙元兩篇檄文，可以看出前後檄文兩種截然不同的說法，藉此了解「民族英雄」的爲人。

東征張士誠檄文

皇帝聖旨：吳王令旨：總兵官准中書省咨：敬奉令旨：蓋聞伐罪救民，王者之師，考之往古，世代昭然。軒轅氏誅蚩尤，殷湯征葛伯，文王伐崇，三聖人之起兵也，非富天下，本爲救民。近睹有元之末，主居深宮，臣操威福，官以賄成，罪以情免，憲台舉親而劾讐，有司差貧而優富。廟堂不以爲慮，方添冗官，又改鈔法，役數十萬民，湮塞黃河，死者枕籍於道，哀苦聲聞於天。致使愚民誤中妖術，不解偈言之妄誕，酷信彌勒之真有，冀其治也，以甦困苦，聚爲燒香之黨，根據汝潁，蔓延河洛。妖言既行，兇謀遂逞，焚蕩城郭，殺戮士夫，荼毒生靈，千端萬狀。元以天下兵馬錢糧大勢而討之，略無功效，愈見猖獗，然而終不能濟世安民。是以有志之士，旁觀熟慮，乘勢而起。或假元氏爲名，或託香軍爲號，或以孤兵自立，皆欲自爲。由是天下土崩瓦解。

予本濠梁之民，初列行伍，漸至提兵。灼見妖言，不能成事，又度胡運，難與立功，遂引兵渡江。賴天地祖宗之靈，及將帥之力，一鼓而有江左，再戰而定浙東。陳氏稱號，據我上游，爰興問罪之師。彭蠡交兵，元惡授首。父子兄弟，面縛輿櫬，既待以不死，又封以列爵。將相皆置於朝班，民庶各安於田里。荊、襄、湖廣，盡入版圖。雖德化未及，而政令頗脩。

惟茲姑蘇張士誠，爲民則私販鹽貨，行劫於江湖，兵興則首聚兇徒，負固於海島，其罪一也。又恐海隅一區，難抗天下全勢，詐降於元，坑其參政趙璉，囚其侍制孫撝，其罪二也。厥後掩襲浙西，兵不滿萬數，地不足千里，僭號改元，其罪三也。初寇我邊，一戰生擒其親弟，再犯浙省，揚矛直搗其近郊，首尾畏縮，乃又詐降於元，其罪四也。陽受元朝之名，陰行假王之令，挾制達丞相，謀害楊左丞，其罪五也。占據江浙錢糧，十年不貢，其罪六也。知元綱已墜，公然害其丞相達識帖木兒、南台大夫普化帖木兒，其罪七也。恃其地陰食足，誘我叛將，掠我邊民，其罪八也。

凡此八罪，有甚於蚩尤、葛伯、崇侯，雖黃帝、湯、文與之同世，亦所不容，理宜征討，以靖天下，以濟斯民。爰命中書左丞相徐達率領馬步官軍舟師，水陸並進，攻取浙西諸處城池。已行戒飭將軍，征討所到，殲厥渠魁，脅從罔治，備有條章。凡我逋逃居民，被陷軍士，悔悟來歸，咸宥其罪。其爾張氏臣僚，果能明識天時，或全城附順，或棄刃投降，名爵賞賜，予所不吝。凡爾百姓，果能安業不動，即我良民，舊有田產房舍，仍前爲主，依額納糧，餘無科取，仗汝等永保鄉里，以全室家。此興師之故也。敢有千百相聚，旅拒王師者，即當移兵剿滅，遷徙宗族於五溪兩廣，永離鄉土，以禦邊戎。凡予之言，信如皎日，咨爾臣庶，毋或自疑。故此，除敬遵外，咨請施行。准此，合行備出文榜曉諭，故依令旨事意施行。所有文榜，須議出給者。

北伐胡元檄文

自古帝王臨御天下，皆中國居內以制夷狄，夷狄居外以奉中國，未聞以夷狄居中國治天下者也。自宋祚傾移，元以北狄入主中國，四海內外，罔不臣服，此豈人力，實乃天授。彼時君明臣良，足以綱維天下，然達人志士，尚有冠履倒置之嘆。自是以後，元之臣子，不遵祖訓，廢壞綱常，有如大德廢長立幼，泰定以臣弑君，天曆以弟酖兄，至於弟收兄妻，子烝父妾，上下相習，恬不爲怪，其於父子君臣夫婦長幼之倫，瀆亂甚矣。夫人君者斯民之宗主，朝廷者天下之根本，禮義者御世之大防，其所爲如彼，豈可爲訓於天下後世哉！

及其後嗣沈荒，失君臣之道，又加以宰相耑權，憲台報怨，有司毒虐。於是人心離叛，天下兵起，使我中國之民，死者肝腦塗地，生者骨肉不保，雖因人事所致，實天厭其德而棄之之時也。古云「胡虜無百年之運」，驗之今日，信乎不謬。

當此之時，天運循環，中原氣盛，億兆之中，當降生聖人，驅逐胡虜，恢復中華，立綱陳紀，救濟斯民。今一紀於茲，未聞有治世安民者，徒使爾等戰戰兢兢，處於朝秦暮楚之地，誠可矜憫。

方今河洛關陝，雖有數雄，乃忘中國祖宗之姓，反就胡虜禽獸之名，以爲美稱。假元號以濟私，恃有衆以要君，憑陵跋扈，遙制朝權，此河洛之徒也。或衆少力微，阻兵據險，賄誘名爵，志在養力，以俟釁隙，此關陝之人也。二者其始皆以捕妖人爲名，乃得兵權。及妖人已滅，兵權已得，志驕氣盈，無復尊主、庇民之意，互相呑噬，反爲生民之巨害，皆非華夏之主也。

予本淮右布衣，因天下大亂，爲衆所推，率師渡江，居金陵形勢之地，得長江天塹之險，今十有三年。西抵巴蜀，東連滄海，南控閩、越，湖、湘、漢、沔，兩淮、徐、邳，皆入版圖，奄及南方，盡爲我有。民稍安，食稍足，兵稍精，控弦執矢，目視我中原之民，久無所主，深用疚心。予恭承天命。罔敢自安，方欲遣兵北逐群虜，拯生民於塗炭，復漢官之威儀，慮人民未知，反我爲讎，挈家北走，陷溺尤深，故先諭告：兵至，人民勿避。予號令嚴肅，無秋毫之犯，歸我者永安於中華，背我者自竄於塞外。蓋我中國之民，天必命我中國之人以安之，夷狄何得而治哉！予恐中土久污羶腥，生民擾擾，故率群雄奮力廓清，志在逐胡虜，除暴亂，使民皆得其所，雪中國之恥，爾民其體之。

如蒙古、色目，雖非華夏族類，然同生天地之間，有能知禮義，願爲臣民者，與中夏之人撫養無異。故兹告諭，想宜知悉。

從北伐檄文中，看到朱元璋幕僚中儒生的傑作，代表歷古儒家的思想。「驅逐胡虜，恢復中華」這口號非常響亮，如「禮義者，御世之大防」，「父子君臣夫妻長幼之倫」，「朝廷者，天下之根本」。這都是綱紀，是歷古以來儒家中心思想的綱紀，維持統治的金科玉律，大可治國，小可修身。比之紅軍所提恢復「趙宋」政權，眞不可同日而語。

檄文中嚴正提出獨立自主的號召，應該由漢人治理，有自己的生活，保存原有的文化和傳統。過去不幸被異族侵入，冠履倒置，現在要「驅逐胡虜，恢復中華。」這一新的主張博得全體人民熱烈擁護，瓦解了元朝治下漢官漢兵的士氣和敵對心理，這是北伐很快成功的因素。檄文內說：乃忘中國祖宗之姓，反就胡虜禽獸之名，是指鄺廓帖不兒，父是中國人，母是色目人，原名王保保，父死改爲鄺廓收養而改姓。在檄文內容也表現中華民族泱泱之風。相較東征檄文列舉張士誠八條罪狀，其中七條罵張士誠不忠於元朝，詐降、不貢錢糧，害達丞相和楊完善等等，只有第八條說：「誘我叛將，掠我邊民。」勉強可以說他罪狀。其實朱元璋對張士誠不特「誘叛將、掠邊民」而已，還派遣大批間諜詐降，圖謀裡應外合。

檄文中說的罪狀，不看前後，令人們誤以爲是元朝的討伐令，妙的是替元朝罵敵人，連自己的「紅軍」也痛罵，斥爲「妖術」、「妖言」，否定「彌勒佛」，打擊「燒香黨」，抹殺紅軍起義的意義，罵他們「凶謀」、「放火」、「殺人」，尤其殺戮士大夫，千百條罪狀加諸於「紅軍。」正式聲明對「紅軍」的看法。他根本忘記自己原是吃「紅軍」奶水長大的，靠「明教」的培養從「紅軍」的小兵幹到現在成爲「吳王」。謀殺了小明王，棄龍鳳年號。如今成爲徹頭徹尾的眞正叛徒。而且表現和元朝共同戡亂，豈是漢族好男兒？

朱元璋這種反常的言論，惴其心意，對自己的前途沒有信心，留下一條退路，萬一情況有變，胡元復興，藉這個因由倒向胡元，還可以保有一條功名富貴之路。這種做法和以前向察罕帖木兒輸誠納款，同樣是以功利中心，沒有國家民族的意識，沒有中心思想，沒有骨格的墻頭草，只有功利、不折不扣的騎墻主義者。

大明帝國

朱元璋平定山東佔領河南，攻破大都在望，南征方國珍已經成功，移師福建、廣東。各路軍捷報頻頻，應天的文武臣僚歡天喜地，估計情勢掃平全國已指日可待。朱元璋聽了朱升「緩稱王」的話，熬了多年才稱王。稱呼由主公改成殿下，如今眼見一統江山在望，再也熬不住，立刻要做皇帝，君臨天下。大家苦戰了十多年，都爲做大官、拜大爵，封妻蔭子。吳王要做皇帝，大家當然高興，等著做帝國的將相，開國元勳。

中華民族傳統有謙讓的美德，朱元璋要登臨帝位，照規矩是臣僚上表勸進。文班首長李善長以刻板文字上表：「開基創業，既宏盛世之輿圖，應天順人，宜正大君之寶位，……既膺在躬之曆數，必當臨御於宸宮，伏冀俯從衆請，早定尊稱。」通常是三進三讓，以表謙讓之誠。而朱元璋很乾脆，只一勸就答應了。十天後祭告上帝皇祇說：

「惟我中華人民之君，自「宋」運告終，帝命真人於沙漠，入中國爲天下主，其君臣父子孫百有餘年，今運亦終。其天下土地人民，豪傑紛爭，惟臣帝賜英賢，爲臣之輔，遂戡定諸雄，息民於田野。今地周迴二萬里廣，諸臣下皆曰生民無主，必欲推尊帝號，臣不敢辭，亦不敢不告上帝皇祇。是用明年正月四日於鍾山之陽，設壇備儀，昭告帝祇，惟簡在帝心。如臣可爲生民主，祭告之日，帝祇來臨，天朗氣清。爲臣不可，至日烈風異景，使臣知之」。

如期朱元璋即位於南郊，也許帝祇默認「可爲民主」，多日的陰雨，即位當日卻天朗氣清，天空出現大太陽，朱元璋放心了。文班首長率文武百官，都門耆老拜賀，三呼萬歲，朱元璋成爲由紅軍小兵、總兵、將軍、丞相、吳王，進而成爲合法的皇帝。

公元一三六八年農曆正月初四日，於鍾山祭告天地神祇，禮成之後，皇朝建立了，定國號「大明」，年號洪武，以應天府爲國都，立馬氏爲皇后，世子標爲太子，皇族不管死活，一律封王。以李善長，徐達爲左右丞相，劉基爲國師，文武臣僚都加官晉爵。一霎時熱熱鬧鬧，歡歡喜喜，新皇朝充滿新氣象，新京師頻添千百家貴族，歷史上增添了一個新朝代。其實北方還有擴廓率領的元朝大軍和遼東的遼兵，四川夏帝明玉珍以及昆王梁王和西南一些集團勢力，全國大統一事業完成，還得等待至洪武二十年平定遼東，大明帝國才眞正統一。

談到國號「大明」，全體儒士幾經考慮思維才決定。朱元璋迭遇機緣，成爲將軍，吳王，謀害了小明王，繼之而起稱帝。朱元璋曾是小明王的將士，是明教徒。原有明王出世的傳說。「明」是日月的合璧，宇宙的兩大行星，光的象徵。加上大字就更正大光明而輝煌，也有不忘本的含意。且以前古禮有祀：「大明」朝「日」夕「月」的說法，千百年來「大明」和「日月」，都是朝廷的正祀，以前還有「大明宮」、「大明殿」，尤其「朱明」一名詞，把國姓和國號連在一起，朱元璋最高興了，因此決定以「大明」爲國號。

都城和國防

帝國成立了，首先考慮都城的問題，自從攻佔應天以後，應天就成爲作戰指揮和政治中心，現在帝國轄有廣大面積，比吳王時代已大不相同。以前的皇朝都在長安、洛陽、大都等地，但這些地方還未完全平靜，而長城外的蒙古還有強大勢力，萬一再發生戰爭，會影響整個政治安定；再則自遼東至廣東海岸線長達數千里，日本倭寇時時侵擾，都城遠在西北或東北，似乎都不太相宜。而應天雖歷古也是皇都，格局似乎小了些，但自渡江以來十數年，已有故鄉的味道，江浙富庶之區，不但有長江三角洲的大穀倉，而且有絲綢工業，鹽業等集散地，所謂：「財賦出於東南、金陵（應天）爲其會」。再則吳王時代所建的宮闕，耗了許多心血，輕易不願放棄。現有臣僚多是江淮和江南人，道地是南方人，不大願意離開鄉土。照應北方軍事，地理位置是不太合適，因此洪武元年取下汴梁後，朱元璋曾親自去觀察，覺得雖然地位適中，但無險可守，四面受敵，論形勢還不如應天，據形勢之險，長江天塹，龍蟠虎踞，可以立國。也曾考慮濠州，前長江後淮水，地勢險要，運輸方便，決定營建爲中都，從洪武二年至八年，動工修建城池，經劉基堅決反對，認爲鳳陽雖是帝鄉，以國家着想實在不宜。國都問題躊躇了多年於洪武十一年才決定正名定都。

國都已經奠定，爲維護北方安全，防禦蒙古，控制遼東，洪武三年，曾封皇二子到十子爲親王，當時年幼尚未就藩，現在京師定鼎，皇子既經長大的，都該就藩。因此，二子秦王，建國西安。三子晉王，建國太原。四子燕王，建國大都。三王都在長城的國防前線。稍後五子周王，建國開封。六子楚王，出藩武昌。七子齊王，建國青州。八子潭王，出藩長沙。十子魯王，出藩兗州。以後其他幼子逐一成年，就出藩建國，星羅棋佈，分駐全國軍略要地。以軍事觀點，靠近長城的三王，是防禦蒙古遼東，稱爲塞王。開封、武昌，兗州爲第二線支援前線，翼護京城，和內地各王連成一線。

諸王在封地建立王府，設置官屬，冕服車旗僅下皇帝一等，公侯大臣見王要俯首拜謁，不許鈞禮。藩王的地位雖極高貴，但沒有土地，也不能干預民政，王府以外便歸朝廷所任各級官吏統治。還有軍權特別規定，王府設三護衛使，護衛甲兵少者三千，多者萬九人。塞王兵力最雄厚，另有寧王帶甲八萬，所屬朵顏三衛騎兵驍勇善戰，和秦、晉、燕的護衛，因防守關外，特別經朝廷補給，兵力最強。

然而，朱元璋對自己兒子掌兵仍不放心。規定「凡朝廷調兵須有御寶文書與王，並有御寶文書與守鎮官，守鎮官既得御寶文書，又得王令旨，方許發兵，無王令旨，不得發兵。」這規定使親王監督守鎮官，守鎮官牽制藩王。塞王每年秋天巡邊，遠到塞外，把蒙古兵趕得遠遠的，叫「肅清沙漠」。

以親王守邊，專決軍務，內地各大都會，以王子出鎮，星羅棋佈，屏藩皇室，翼衛朝廷，國都雖遠在東南，也安如盤石。

限制行動自由

朱元璋生性聰明伶俐，肯虛心學習，訓練自己，在流浪生活中，在軍營、在作戰、在後方，事事聽人勸告，徵求專家的意見。一旦坐上帝位，一切一切都一百八十度轉變，原來口口聲聲替人民解除痛苦，改善生活，卻對人民限制很多，大失人民所望。

爲了增加政府稅收，財力和人力的充份使用，大規模丈量土地和人口普查。前朝千百年的政府政治家不能完成的，朱元璋劃時代完成了。然而以往沒有簿籍記載，現在丈量又未設專責機構負責，卻委由當地地主代辦，徵收租糧，亦由地主代辦。最後地主將自己的土地丈量，佔了有利的一邊，稅負嫁到佃農或窮人身上。以致富者愈富，窮者愈窮。更爲了箝制全國人民，限制人民行動自由，創千古未有，且以立法規定。現抄幾則規定於下：

凡軍民人等來往，但出百里即驗文引（路條），如無文引，必須擒拿送官。仍許諸人首告，得實者賞，縱容者同罪。天下要衝去處，設立巡檢司，專一盤詰往來奸細及販賣私鹽犯人，逃犯，無引面生可疑之人。凡無文引私渡關津者杖八十。若關不由門，津不由渡而越者杖九十。若渡緣邊關塞者，杖一百，徙三年，因而出境者絞。

這制度把人民行動範圍，用無形的銅墻鐵壁，嚴格圈禁。光是這樣還不夠，里甲被賦予協助巡檢工作，要人民互相知丁。

凡民鄰里互相知丁，互知務業，俱在里甲，州縣務必周知。市村絕不許有逸夫（無工作危險份子）。若或異四業（士農工商）而從釋道者，戶下除名。凡有夫丁，除公占外，餘皆四業，必然有效。

知丁之法，某民丁幾，受農者幾，受士者幾，受工者幾，受商者幾。且欲士者志於士，進學之時，師方姓氏，習有所在，非社學則入縣學，非縣則必州府之學，此所以知丁之所在，……農業不出一里之間，朝出暮歸……。

總之士農工商外出百里均需文引，加以嚴密限制，里鄰加以連坐，而且每人都代表政府執行調查，監視告密，使人人被監視，人人又監視他人……開中華民族數千年未有妨礙人民行動的自由，殘酷惡行的法令，較之異族統治，更爲痛苦。

嚴禁宗教

朱元璋是吃「明教、紅軍」奶水長大的，在這二十年的混戰中，宣傳標榜的是「明王出世」、「彌勒佛降生」的預言，朱元璋深知這些是秘密組織宣傳的意義，他自己從而得到機會和成功。現在他是皇帝，統治萬民，爲了保持自己的尊嚴，建國第一年就禁止「明」教、「白蓮」教和「彌勒佛」教等的活動，視他以前的「母」教爲邪教，用詔書昭告天下：

凡師巫假降邪神，書符咒水，扶鸞禱聖，自號端公太保師婆，妄稱彌勒佛，白蓮社、明尊教、白雲尊等會，一應左道亂正之術，或隱藏圖像，燒香集衆，夜聚曉散，佯修善事，煽惑人民，爲首者絞，從者各杖一百，流三千里。

「明尊」教即「明教」，善友也是明教教友稱號的一種。因爲這些教派和儒家思想有所不同，據說是儒生文士，挑起朱元璋出身卑微，期望漂白自己，才禁絕佛教等各宗教，忘記以往。然而，大明教自宋朝以來既經盛行，和佛教在民間既經根深蒂固，一旦禁止取締，只好藏形匿影，暗地裡活動。宋元以來的明州，因名犯國號，改名寧波。所有彌勒佛教，雖嚴刑峻法禁止，有明一代，未能禁絕，時至今日，仍盛行於世，成爲中國最大教派，是很多人民精神之所寄。

文字獄

朱元璋自己做過和尚，做過遊方僧，做過紅軍，那時紀律敗壞，搶奪擄掠，什麼壞事都做得出來。人民叫紅軍爲「紅賊」、「紅寇」或「魔教」。現在他做了皇帝，認爲以前不名譽的稱謂，有損他的尊嚴顏面，最痛恨人們提及「和尚」、「紅賊」、「紅寇」等名稱，甚而字或有關和同音字一概不得用，應該禁絕。

朱元璋渡江以後，得到文人的幫忙，計劃平定天下，開國的朝儀制度和各種典章，均由文人計劃草擬，使他看重文人，認爲治國非文人不可，因此，對儒生文士，非常重視禮遇。這使得百戰功高、出生入死的武將感到不平，認爲我們流血流汗，捨死忘生，百戰沙場，打平天下，卻讓書生來當權，常向朱元璋發出不平之言。朱元璋還是老話：「亂世用武，治世宜文，馬上可以得天下，馬上不可能治天下，總之治天下非文人不可。」

武將也有讀過古書的人，最後向朱元璋說：「文人常會暗中罵人，如張士誠的名，是文代他取的，是孟子說的：『士、誠小人也』如果把士字下的點不要，或點在誠字之下，變『士誠小人也』或『士誠，小人也』。所以文人不可深信。」朱元璋讀書不多，字義似懂懂，經此一說，也深信文字會暗中罵人。他想到自己以前做過不雅的工作，會被人暗中笑，因此，除不准用以外，連光、禿、僧、賊、寇等等字也不能用，甚至推而廣之：「僧與」「則與賊」等等同音字固不能用。如「作則垂憲」這類和光、禿、僧、寇、乞、丐字音近者都不能用。有賀表：「光天之下，天生聖人，」因「光和禿」，「生和僧」有近似。此朱元璋大怒，把上表的人殺了，以後因這類文字而殺身者無數，這就是明朝文字獄的起。然而，他自己親下的詔書，常有：則、盜、賊、光等等字，他自己寫犯忌的文字，不知如何處理自己？

藉整肅侵佔民財

民之頑者，莫甚於溧陽、廣德、建平、宜興、歸安、德清、崇德，蔣魯士等三百七十戶。且如潘富係溧陽皂隸，教唆長官，貪贓枉法，自己挾勢持權，科民荊杖。朕遣人按治，潘富在逃，自溧陽節次遞送至崇德，豪門趙貞勝家奴。追者回奏，將豪民趙貞勝家奴並兩百餘家，盡行抄沒，持杖者盡行誅戮，沿途節次遞送者一百七十戶，盡行梟令，抄沒其家。

以一個縣衙皂隸的不法，和一個家奴的幫助，竟而變成大案，株連數縣大戶豪門，盡皆誅戮，抄沒家產，金銀財富歸官，田產轉賜新貴，新官僚，用屠殺手段，改變土地持有人。

洪武朝江南富家鉅室，幾至全被肅滅。農民原冀望脫離異族統治，擺脫桎梏的生活，反而跌入深淵，人民的怨恨憤怒，不言可知。初則以「巡檢」控制人民行動，丈量土地，剝削人民，「知丁」連坐，以後更以「錦衣衛」奴役人民，殘殺人民的結果，把人民的生氣摧殘得奄奄一息。所以一六四四年李自成以農民起義爲名，攻陷北京，崇禎皇帝自縊煤山，不見有勤王之師。明朝亡國後，雖滿清繼蒙古再次入主中原，異族統治，雖多殘暴仍比明朝寬厚得多。後人評論朱元璋，實行嚴刑峻法之始，後人繼之，有明一代的皇帝是「十惡九凶」。

訓練營和刑場

朱元璋從親兵爬到將軍，稱王尊皇，是靠武力和陰狠起家，加上李善長、劉基、宋濂和一班文士的策劃，乃能南征北伐，一統中華，南面稱帝，成爲「大明」皇朝。軍事方面，既經有堅強的陣容，同打江山的好漢。但行政方面，從中央到地方各級政府需要十數萬人，自己白手起家，以前的官僚，壞的不能用，好的都躲起來。以前信任李善長、劉基等儒學文人，是要他們設計打天下，現在天下到手了，也怕這批文人學問好、計謀多，才能比自己強，有朝一日不聽自己的話，不忠於自己，那該怎麼辦？爲了必須有忠於自己聽話的文士，幫助治理國政，自己得設法羅致。但要這麼多人，那裡去找呢？想到由國子監來代爲訓練人才。

國子監，從祭酒、司業、博士、助教、學士、監丞，都是朝廷的命官，現在作爲訓練人才的學校，使政治和教育結合成爲一體，祭酒是校長，其他是教官。

訓練學生，必須「嚴立規定」，凡生員有違規、課業不精，都屬違規，得以懲罰，特別備有行刑的扑打紅凳，作爲教刑。刑具是竹篦，由皂隸行刑，照規定初犯記過，再犯伏凳打五下，三犯十下，四犯除名。爲了怕除名而引起反抗，凡除名的都充軍或吏役。

監丞有處罰權，也有執行權。學校、法庭、刑場合而爲一。判結和執行，是絕對的，學生沒有辯解申訴的權利。廚房膳伕，由死囚撥充服役，如三次不聽使令，即行斬刑，無須上報。學校又成爲死囚的苦工場和刑場。

功課內容，最重要的是朱元璋自己寫的「大誥」，內容列舉所殺官民罪狀，使官民知所警誡，要人民守本份，納田租，出伕役等，老老實實替朝廷當差。至於四書五經，是儒家的經典，治國平天下的大道理，都說得很清楚。孔子思想沒有問題，君臣父子這一大套理論，最合朱元璋的脾胃，特別面諭國子監博士：「一以孔子所定經書誨諸生。」但對孟子所說：「民爲貴，社稷次之，君爲輕，」以及「君若視臣如草芥，則民視君如寇仇」而大發脾氣說：「這老頭要是活到今天，非嚴辦不可，」下令國子監，撤去孔廟中的孟子牌位，把孟子逐出孔廟。後來被迫於儒家輿論，恢復配享，始終認爲這部書有反動毒素，特別敕命組織「孟子」審查委員會，刪檢所有對帝王不利的言論共八十五條，才准作爲教材，但考試仍不以命題，科舉不以取士。

學生課業，規定每日寫字一幅，每三日背大誥、本經、四書各一百字，每月作文六篇，違者都得挨打。分低年三堂，中等兩堂，在學滿七百天，經史兼通的再入最高等的「率性堂」，在堂一年內考試及格，即受予官職。

監規是朱元璋親自欽定的，極爲嚴格，只有五十六款。學生對課業有疑問，必須跪著請問靜聽，禁止對人對事的批評，結社，堂與堂之間，也禁止來往，議論飲食好壞，說謊、遊蕩、喧嘩、點名不到等等，都有嚴厲罰則。最嚴重是「敢有毀辱師長，生事告訐者，即干名犯義，有傷風化，定將犯者杖一百，發雲南地面充軍。」

其實這規定非常廣泛，無論語言、文字、行動、思想、以及批評，都可任意解釋。這是朱元璋想用嚴酷手段訓練出聽話、忠誠的幹部，清除不服氣和敢於反抗的人士。因此入學的監生，在學期間經常有被強制餓死、被迫縊死，連屍體也要當面驗明，才准收殮。有一次監生受不了虐待，出壁報抗議，依例是杖一百充軍，但朱元璋爲了殺一儆百，充軍改殺頭，還在國子監門口立長竿掛頭示衆。

嚴刑峻法，使人聞之色變，痛決、充軍、罰役、伽鐐終身，餓死、縊死、梟首示衆，是朱元璋特別訓練人才的國子監—學校，更適合的說法是集中營、刑場。不單是學生，包括教官在內也受死刑的威脅，造成絕對忠貞服從，無思想、無自我，只有奴性的官僚。

然而從危難重重，伽鐐連連，度日如年中能夠全身而出國子監大門的，都獲得官職，最高的有做到地方大吏。從二品的有布政使，最低也有九品的縣主簿，以至沒有品級的教諭。監生出身可以不受任官性質限制，朝廷部院，監察、地方民政、財政、司法、以及府州縣官等等，可說監生萬能，什麼官也可以做。這些人適逢開國初期，人才荒之際，以後都成爲朱元璋的忠貞臣僚。後來會試定期舉行，要做官都從進士科取得。

這批人經朱元璋殘酷統制，嚴格管理，檢查訓練，成爲尊君和盲從的當國執政，原只嚮往三王，服膺儒術，都以「天王聖明，臣罪當誅，」挨了打是「恩譴，」被砍頭是「賜死，」能被挨罵，是有資格才能挨得著，天下無不是的父母，更不會有不是的皇帝。朱元璋的君權，由此鞏固，朱家天下，統治萬民，也如泰山安穩。

大屠殺

漢高祖劉邦殺功臣，開了「狡兎死走狗烹，飛鳥盡良弓藏」的例子，朱元璋不單仿製，而且發揚光大，變本加厲，殺！殺！殺！無止境地殺！殺盡爲他血戰沙場，出生入死打江山的戰友。殺盡爲他費盡心血，運籌帷幄，計劃謀奪元朝江山的謀士，收回給這批文武臣僚的賞賜爵位。殺盡豪門巨室，掠奪他們的田園財產。殺盡異議人士，使天下只聽他說話，沒有別的聲音，一呼百諾，沒有異議。殺盡知道他出身卑微的人，使他有尊嚴，有光輝的人生。因而大開殺戒，天下還有公理嗎？

自帝國成立，朱元璋身爲九五之尊以後，過江時派義子監視的方法已不夠用。爲了限制人民行動、淸除異已，便以偵查裁贓，初時設「巡檢」稍後又設「錦衣衛」，訓練大批特務人員，在軍隊、學校、衙門、民間集會、交通孔道、大街小巷、私人住宅區，都有特務人員在活動，專門負責偵查工作。只要他們認定是犯法，即可拘提，一旦被捉，只有死路一條。所謂刑，除以前的：鯨、刺、劓、閹、割五刑以外，又設凌遲、涮、鈎骨、抽腸、錫蛇游等酷刑。

凌遲：照例要割三千三百五十七刀，每十刀一歇，一吆喝。

涮刑：把犯人脫光衣服，躺在鐵床上，全身澆淋開水，用鐵刷慢慢刷去身上的皮膚。

鈎骨：用鐵鈎鈎住脊骨，橫掛在竿上，另一頭掛對秤的重物。

抽腸：將人吊起，從肛門鈎住大腸，縛以重物（以時間快慢決定重輕）使腸慢慢抽出。

錫蛇游：犯人脫光衣服，躺在傾斜鐵床上，將錫溶液淋在身上，有大小傾斜之分而決定快慢流。

五刑既慘無人道，所增五刑，更使受刑人欲死不得，受盡精神肉體折磨長時間痛苦而死。局外人聞之也膽顫心驚，毛骨悚然！死在酷刑下的臣僚無數。

李善長、劉基、宋濂等文人飽學之士，處理政務，定國安邦，奇謀妙計，助朱元璋平定天下，建立帝國，既欣賞他們的才能，也恐懼他們的才能，深怕這批才能之士，有朝一日反叛自己，幫助別人，將深受其害。爲了防範於未燃，初時只叫武將遠離文人，後來更不許將帥接近。他忘記和李善長說過「做橋樑的話。」如今連親姪朱文正，親甥李文忠，因接近文士，而遭到殺身之禍。

朱元璋出身卑微，是他畢生最大遺憾！雖統領大軍，身為皇帝。懷疑自己在文士眼中仍是：「紅賊」、「彌勒教徒」，與文士的思想有所區隔。所以朱元璋在東征檄文中撇清自己，登上皇位後，限制佛教活動等措施，無非想漂白自己。然而，在染缸裡浸過的白布，再怎樣去漂白，也無法恢復潔淨。他認為惟有將自己同打江山和知道自己底細的人，全部殺掉，才是釜底抽薪的辦法。

朱元璋幼年貧窮至極，三餐不繼，父母死不能治喪，飽受豪門巨室，欺壓凌迫，歷經身受，心中悠生妒忌，胸懷怨恨，時思報復之念。現在自己身為皇帝，位高權重，予取予奪，給予文臣武將，功名富貴，多少有些心不甘、情不願，情勢又非如此做不可。因此，心中時時有一股肅殺之氣，每天在朝中發洩。臣僚中每天都有被杖死、摔死以及各種死法者難以計數。很多朝臣每天上朝前預立遺囑，以備不測，晚上若能平安回家，夫妻將會擁抱慶祝。

劉基是心思細密的人，一切看在眼裡，記在心裡，深深了解朱元璋是：「只能共患難，不能共富貴」，和漢高祖劉邦一樣心胸狹窄，妒忌才能的人，乃決定效法張良，功成身退，雲遊四海。在帝國成立，一切典章制度代為規劃妥善以後，找個機會請辭退隱。朱元璋很快批准，但他深怕他的才能計謀以後會不會幫助他人，反抗自己，乃以帝國初成，百事還須要請他協助為由，請他不要回棃州老家，住在應天附近，俾便隨時可以商議國事，實際就是監視。帝國初成，很多事確實還需他擘劃。這樣的關係，維持到洪武十三年胡惟庸案發，朱元璋藉機大殺臣僚，爲免除後患，把劉基毒死。以後文士繼續被迫害而死的，不計其數。

曾經爲朱元璋修元史的張宣、楊基，被罰做苦工而死。著名詩人吳中四傑，高啓、楊基、張羽、徐賁，甚而最先幫助他的李善長，和太子太傅宋濂等文士，無一善終，倖免於難者極少，解縉和田興是其中之一。

解縉是翰林學士當時著名文學家，深受朱元璋喜愛也不放心，以誘騙方式對解縉說：「朕與你義同君臣，恩猶父子，你對朕有何諫言，應當言無不盡啊！」解縉竟傻氣大發，上書十萬言，歷訴朱元璋濫殺功臣、使小人趨媚，賢者遠避，貪者得計、廉者受刑等諸多劣跡。朱元璋大怒，罷了解縉的官，沒有殺他的頭，算是僥倖逃出鬼門關。但朱棣奪了皇位，遷都北京，又獲重用，讓他主編「永樂大典」。但由於介入高層的權力鬥爭，被人構陷關了五年，最後被錦衣衛灌醉酒，剝光衣服，丟在雪地裡凍死。

田興則是朱元璋在和州過江前幕府主要人物，攻下應天，不辭而別，隱退江湖。朱元璋費盡心力，才知道他隱居江北，兩次詔諭邀請到南京一會，不肯上道。朱元璋專使捧手書殷勸。現抄其中部份：

…人人相知，莫如兄弟，我二人者不同父母，甚於手足，昔之憂患，與今之安樂，所處各當其事，而平生交誼，不爲時勢變也。世未有兄因弟貴，惟是閉門踰垣以爲得計也。

皇帝自是皇帝，朱元璋自是朱元璋，朱元璋不過機緣作了皇帝，並非作了皇帝便改頭換面，不是朱元璋也。本來我有兄長，並非作皇帝便視兄長如臣民也。顧念兄弟之情，莫問君臣之禮。至於明朝事業，兄長能助則助之，否則聽其自便。只敘兄弟之情，絶不談國家之事，美不美、江中水，清者自清，濁者自濁，再不過江，不是腳色。

情詞懇切，足以令人感動，而田興仍是不理。他眞是洞燭先機，瞭解小兄弟皇帝性格的一個人物，當然能夠保全性命。

胡惟庸是朱元璋佔領和州時的帥府舊僚，和李善長同鄉，於洪武三年拜中書省參知政事，六年拜右丞相。中書省綜掌全國大政，丞相對一切庶政有專決權力，統率百官，只對皇帝負責。胡幹練有魄力，在中書省時間久了，大權在手，威福隨心，門下故舊僚友，慢慢結成一個龐大的人際關係。這情形發展是很自然，任何朝代都常看見。然而朱元璋最不喜歡臣下有集會結黨情形，因此對胡非常不滿。在李善長爲相之時，小心怕事。徐達爲相，經常統兵在外，事事由朱元璋親自處理，相權和皇權不會發生衝突。現在胡有魄力，強力執行相權和皇權發生不和諧，而胡仍懵然不覺，最後在洪武十三年以「擅權枉法」論罪，抄家滅族。朱元璋本來就要殺不順眼或權重的文武百官，一直找不到機會，現在以胡案爲引，隨時加進新的罪名，把它放大，發展爲私通日本，私通蒙古。日本和蒙古是當時的兩大敵國；通敵當然是謀叛罪，證據由「錦衣衛」栽贓取證，方便容易。又發展爲串連劉基，劉基因此被毒死。李善長一家被滅族，其子且爲駙馬，亦不能倖免。大殺特殺，株連了數千家，殺了幾萬人。十年後藍玉又被稱爲叛逆，罪狀愈多，牽連的人更多，由甲連到乙，由乙攀到丙，轉彎抹角像蔓藤一樣四處伸出去，以同黨爲名，株連自己不喜歡，想藉此殺掉的文武臣僚，被殺的以家作一單位，殺一人就是一家，或一族甚而連累九族，收回賞賜給他們的爵位，抄沒他們的財產和田園，一舉數得。

胡惟庸、藍玉兩案，株連被殺的四、五萬人；在兩案之外，空印、郭桓兩案又殺了七、八萬人，和以前邑隷案殺了兩百餘家，沿途遙送者又一百七十戶。這幾個大案被株連殺害的總數超過十數萬人，而零星每天被殺的更不知多少？被殺者，從開國元勳，公、侯、伯、爵、元帥、裨將、部院大臣，諸司官吏、州縣胥役、進士、監生、經生、儒士、富人地主、僧道屠沽，以至親姪親甥，無人不可殺；一個個殺，一家家殺，有罪者殺，無罪者也殺，「大戮官民，不分臧否」。

吳興財主沈萬三（秀）是全國第一富戶，敬崇朱元璋是「民族英雄」，也爲維護身家，自動捐款修建南京城牆三分之一的費用。城修好了還是不得安穩，「巡檢」「錦衣衛」常來尋事生非，忍著痛又替皇帝犒勞全國軍隊。朱元璋不單不領情，卻說：「平民百姓爲什麼犒勞軍隊？居心不測，這樣的亂民，不殺還殺誰？」當然這是表面的話，骨子裡是要吃掉沈家的財產。馬皇后說：「人民富可敵國，雖不是好事，但法律只能治犯法的。」朱元璋還是不肯放過，只將死罪改判充軍雲南，家當便成皇家的財富。

早在洪武七年，胡、藍各案尙未發生，便有人說殺得太多了；「才能之士，數年來倖存者百無一二！」單是官吏犯苔以上獲罪，謫戍到鳳陽屯田，便有一萬多人，在郭桓案後朱元璋自承：「其貪婪之徒？聞桓之奸，如水之下趨，半年間弊若蜂起，殺身亡家者，不計其數，出五刑以治之，挑筋、剁指、刖足，髡、文身，罪之甚者歟！」大明帝國成立之後，政權維持在流血屠殺，酷刑暴行基礎上，這種政治與暴秦何殊？可說名符其實的「恐怖政治」。

李善長牽連在胡案，只是同鄉關係，這年已七十七歲高齡，帥府元僚，開國首相，替朱元璋出計獻策三十九年，兒子做駙馬，本身封國公，位高名重，富貴雙全，竟落得滿門抄斬。誣他佐胡謀叛，怎麼可能？試想謀叛縱然成功，不過勳臣第一，何若現在的國公？皇帝的親家，所以人人喊冤。朱元璋不是不知，而是要藉此除掉勳舊。

德慶候廖永忠，謀殺小明王執行者。江夏候帷幄不修，曖昧罪被殺。馮勝兄弟最先率部投誠，建國功勞很大。堅守南昌八十五天，力拒陳友諒，造成鄱陽湖大捷，奠定帝業的功臣。又是侄兒，義子朱文正，因「親近儒生，禮賢下士」有「政治野心」被鞭死。

宋濂因孫兒宋慎被胡案牽連，雖得馬皇后說：「元老重臣，又是太子太傅，不應被累。」朱元璋赦了死，改貶茂州而死。應該感謝皇恩，得了全屍！

徐達是開國功臣，北伐元帥，開國後爲相，一生小心謹慎。洪武十八年，背上生疽。據說此病最忌食鵝肉，病重時朱元璋卻賜食蒸鵝肉，徐達含淚吃了，不多時就一命嗚呼！是否朱元璋念老戰友，開國功臣之情，不忍見其病苦煎熬，幫助他早日脫離痛苦？最少沒有說他叛逆而被殺頭，家財不至被抄沒，也應該感謝皇恩浩蕩。

湯和是衆多元老重臣中，唯一倖免於難。他和朱元璋同村，幼年看牛伙伴，做到大將軍信國公。起兵後諸將和朱元璋常鬧蹩扭，不聽使喚，只有他規規矩矩聽話，服從命令。到了晚年，徐達等已死，自己是宿將又功高，深知老伙伴的脾氣，對自己手握重兵，雖不言，心中卻不願意，又不能說出來，便自動交回兵權。朱元璋大喜，即派官吏到故鄉鳳陽蓋府第，賞賜優厚，讓湯和安享晚年。由於湯和自己聰明機智，得于倖免被殘害的一人。

朱元璋過江以後，知道讀書可以明理，因而苦讀，但根基淺薄，難窺堂奧，很多只能一知半解，斷章取義。對曹操篡漢，司馬懿奪魏，劉裕又奪之。一個吃一個，篡位的都是重臣，幫兇的也是重臣；至於趙匡胤陳橋兵變，黃袍加身，和自己將小明王謀殺掉，更不用多說了。皇帝的位子，誰不想坐？沒有坐皇位之先，用手段、用陰謀，培植自己的勢力，再用武力奪取政權。

朱元璋以古例和自己的行爲，認定官大權重的人，都有可能和曹操一流的思想行爲一樣，不可以信任。所以他做了皇帝後，即用陰謀、用手段、用武力、剷除一切有可能的破壞力量，鎮壓異己維持自己的既得利益，絕對禁止別人有企圖奪權做皇帝的夢想，或對自己不忠，不服從命令。爲了鎮壓異己，和不忠份子，光是公開的軍隊、法庭和刑罰不夠；可能軍隊法庭裡就有這些份子。惟有經過自己嚴格訓練、嚴密組織和特種偵探，用秘密方法，偵查不忠於自己和有企圖的人，處以極刑，所以設「檢校」和「錦衣衛」。

朱元璋心中也許有遐想，認爲不滿自己，不忠自己的人太多，耽心這批並肩作戰，驍勇兇悍，自持功高不馴的將軍，文臣豪室，有地方勢力，有社會聲望，要是自己一朝嚥了氣，忠厚仁慈的皇太子，絕對不是制馭猛將謀臣梟雄的腳色。他要替兒子斬除荆棘，淸除異己，開闢坦途，保證死後，不會發生任何問題，在陰曹地府，才能安心。因此，大動殺手，犯法的殺，不犯法的也殺，無理的殺，有理的也殺。有一絲阻力的人，全部殺光了，爲兒子治國時沒有一點阻力。「錦衣衛」的建立爲的便以計劃栽贓密告，作有系統的誣告攀連，造成冤獄。胡惟庸、藍玉、空印、郭桓以及皀隸等案，作爲殘殺的藉口。殺！殺！殺了十數萬臣僚巨室，連同每日零星的殺戮，實在難以計數。

朱元璋深深知道自己的作爲失去人心，不合天理人情、國法，全體文武臣僚和人民的願望，口中雖不敢有怨言，心中一定很不滿意。爲了平息大家的怨憤，在洪武二十年胡案以後，認爲殺了數萬人，以後皇子執政，不會有任何阻力？乃下令焚毀「錦衣衛」內所有刑具，把犯人移交刑部，表示要實行法治，又把「錦衣衛」負責人指揮使也殺了，卸脫屠殺的責任，一切案件由朝廷司法處理。內外刑事不再經由「錦衣衛」。

很不幸，幾年後又發生藍玉和空印等案又殺了幾萬人，經過這麼多年，這麼多屠殺，他認爲從此可以天下太平，皇基永固！

農民的好皇帝

朱元璋是中華民族有史以來除了秦始皇，可說是權力最大，地位最高，最專權、最獨裁，最強暴，最缺少人性的大皇帝。對官僚、地主、士大夫，朱元璋是用一副惡狠狠的面孔，青面獠牙無人不怕。但對平民百姓，卻有一副慈祥面孔，滿口和氣話，如果不知道他的底細，人們也許認爲是白髮老公公，夢想中的有道明君。其實他眞的在做人民的有道明君，關心農民的好皇帝。現在抄兩節大誥，以資證明。

一、四民之中，農民最勞、最苦。春天雞一叫，就起床，趕牛耕田，插下秧子，得除草，得施肥，大太陽裡晒得汗直流，勞碌得不成人樣。好容易巴望到收割了，完租納稅以外，剩不了一丁點兒。萬一碰上水旱蟲蝗災荒，全家著急，毫無辦法，可是國家的賦稅，全是農民出的，當差做工，也是農民的事，要使國家富強，必得農民安居樂業，才辦得到。

二、今後所在布政司、府州縣，若有廉能官吏，切切爲民造福者，所在人民必知其詳。若被不法官吏同僚人等捏詞搆陷，一時不能明其公正，遠在數千里，情不能上達，許本處城市鄉村耆宿赴京面奏，以憑保全。

自今以後，若欲盡除民間禍患，若無鄉里年高有德者、或五六十人、或百人或三、五百人，或千餘人，歲終議赴京師面奏，本境爲民患者幾人？造民福者幾人？朕必憑其奏，善者旌之，惡者移之，甚者罪之。嗚呼！所在城市鄉村耆民智人等皆依朕言，必舉此行，即歲天下太平矣。民間若不親發露其奸頑，明彰有德，朕一時難知，所以囑民助我爲此也。若城市鄉村等有起滅詞頌，把持官府，或撥置官吏害民者，若有此等，許四鄰及闔郡人民指實赴京面奏，以憑怯除，以安吾民。

像類似的誥示很多，可以了解朱元璋起於草莽，深深了解人民的疾苦，關心人民，舉凡水利、澇旱、蝗蟲、災害，都極爲關注。然而，官僚政治的任何作爲，都是紙上文字和實際情形不太符合。國家稅負非常沈重，又加上大戶佃主各種剝削，弄得民俗澆漓，人不知懼，法出而奸生，令下而詐起，或朝令而夕改，陽奉而陰違。雖說可以上告，可以面聖，在「民不與官爭」的戒語下，誰願意去捻虎鬚？所以皇恩雖浩蕩，而人民能夠實際受惠，極其有限。不管如何，人民對朱元璋的權位，不會有影響。朱元璋對人民是關心的，人民對他是有良好的印象。

培育子女

朱元璋自做紅軍小隊長起，軍紀就很嚴格，尤其渡江以後，絕對禁止將士佔領城池，搶奪財物，擄掠婦女的行爲，因此深得人民愛戴。但自建立皇朝以後，禁令大家應該遵守，他自己位尊權大，一切一切可以超出禁令。即以搶奪財物，他比用搶文雅，改用抄沒，名正言順。他的後宮除馬皇后外，妃嬪不計其數，有朝鮮，蒙古進貢來的，元宮接收，強娶郭元帥之女，強佔陳友諒之妃闍氏，故鄉寡婦胡氏，將軍孫女等數十多位。生有二十六個兒子，十六個女兒。這些兒女中朝鮮、蒙古妃所生的，既經是混血種，更有一位是陳友諒的遺腹子。長子封爲太子，其餘諸子，除第九和二十六子早夭外，全部封王，女兒全部封公主。

朱元璋因爲自己沒有讀好書，稱王尊帝以後，懂得儒生讀書成爲做官治世的資本。如：「遺金滿箱，不如教子一經。」「天子重英豪，文章教爾曹。」「萬般皆下品，惟有讀書高」的志願，說明讀書的重要。更重要朱元璋知道學問能治理國家，安樂致太平。因此，諸王子的教育特別重視，在宮中建一座大殿爲學堂，徵聘四方名儒輪流講授古籍，挑選才俊青年侍讀。時時賜宴賦詩塡詞說古，講論前朝興亡得失。師傅中最主要是宋濂，前後十幾年，專門負責教育皇太子，一言一行都以禮法諷勸剴切說明：學問要緊，德理尤其重要。皇太子和衆皇子的師傅，除儒生經師外，又選一批生性端莊的人，做爲賓客，講解帝王之道，禮樂之教，往古成敗之跡，民間稼穡之事，無不明白講解，使皇太子及諸王子毫無暴戾之氣，和朱元璋的殘暴性格，父子絕然兩極。朱元璋爲人殘暴不仁，爲何訓練兒子成爲守禮講義，文質彬彬的儒人，後人無法了解。大約是他深深懂得「馬上可以得天下，馬上不能治天下」的至理。能夠覺悟做人做事的至深道理。

一家富萬家窮

洪武九年皇子和公主既經逐漸長大，乃核定皇族年俸，一律由政府按額支給。親王米五萬石，鈔二萬五千貫，錦四十疋，紵絲三百疋，紗、羅各一百疋，絹五百疋，冬夏布各千匹，棉兩千兩，鹽兩百引，茶千斤，馬料草月五十匹。公主已受封，賜莊田一所，每年米一千五百石，鈔二千貫。郡王米六千石，郡主米一千石，以下各項比例遞減。親王嫡長子年及十三立爲世子，長孫立世孫，世代承襲，諸子封郡王，嫡長子承襲。諸子封鎭國將軍，孫封輔國將軍，曾孫封奉國將軍，四世孫鎭國中尉，五世孫輔國中尉，六世以下奉國中尉。帝女封公主，親王女封郡主，郡王女封縣主，公主婿稱駙馬，郡、縣主婿稱儀賓。王族出生，由禮部命名，成人後由皇家主婚，一生的生活到死後的喪葬，全由政府負擔。

洪武二十八年，因皇族人數激增，政府財政負擔太重。改親王年俸米一萬石，郡王二千石，鎭國將軍一千石，鎭國中尉四百石，奉國中尉二百石。公主和駙馬一千石，郡主和儀賓八百石，縣主、郡君、縣君遞減。

皇族人口藩衍，非常迅速，不到兩百年功夫，竟有五萬多人，政府的賦稅，到了不夠供給的地步。舉例說：嘉靖四十一年（一五六二）統計：全國每年供應京師粮米四百萬石，而諸王府祿米，則需八百五十三萬石。比全京師所需的還多出一倍強。很多地方全部稅收不夠支應宗室俸祿。郡王以上底子厚，還可以過好日子，有些疏遠的皇族，日子就很難過。高級的親王、郡王，在地方上可以仗勢欺人，爲非作歹，凌虐百姓，甚至侮辱官吏。卑下的則爲飢寒所迫，爲盜爲偷，欺騙敲詐，無所不爲。再加上地方政府經費無著，只好對老百姓強征暴歛，以致人民日食困難，飢餓至死的時有所聞。

朱元璋爲他子子孫孫的生活，安排得妥妥當當，無憂無慮，卻帶給人民百姓的艱難，貧窮飢餓，怨聲載道，白鬍子老公公，給人民的良好印象，蕩然無存。眞是：「一家富萬家窮」。

朱元璋對子孫的教育，立下良好的典範，後代也有很多飽學之士，但依規定，不得應科舉，不得爲官吏。因此，地方供給不繼時，也有斷炊的事發生。直到末年，皇朝才明白這禁令不是良好辦法，才把科舉和政治封鎖開放，皇族的人可以參加考試，可以爲官爲吏，自謀出路。可是爲時已晚，不久國也亡了。據統計，國亡時朱元璋的嫡系子孫有十幾萬人。

晚年的悲哀

朱元璋早年過的生活，衣食不足，生活艱困，壯年從軍，兵火連天，每天過白刃相接的緊張生活。登上帝位後，爲猜疑自卑而產生迫害狂，殺盡文武臣僚，又感到孤獨，年歲愈高自卑猜疑心愈重，加上爲確保皇權，脾氣更壞，精神愈不安。精神體力交互影響的結果，逐漸瀕臨崩潰邊緣，又發生太子標病死的打擊，勉強支撐搖搖欲墜的身軀，到洪武三十一年，已是七十一歲高齡，實在無法支撐，丟下他艱辛締造的江山，結束一生。

朱元璋在未建立帝國以前的智慧極高，深富計謀，做事從遠大處著眼，處理一切事務能當機立斷，謙恭包容，能接受好的建議。因此西攻陳友諒、南征群雄，東滅張士誠，北伐胡元，都能迅速奏功。迨皇朝建立，思想行爲完全改變，事事師承他的老同鄉漢高祖劉邦，研究劉邦的個性和作風，養成模仿的癖性：如漢高祖在天下未定時，就派蕭何營建未央宮。朱元璋也在南征北伐軍出發時先建造金陵宮闕。漢高祖徙齊、楚諸大族實關中，朱元璋也徙江南富戶實中都。漢初分封諸王子弟，明初也分封諸王就藩。漢初俎醢韓、彭、英布，明初也大殺功臣。而且殺起了興趣，一殺再殺，澈底清除元勳臣僚的殺，殺到靖難兵起時，無人可用。

朱元璋做皇帝後，仍是很辛苦工作，大小事務親自辦理。先前有丞相李善長，徐達幫忙處理，後來胡惟庸爲丞相，卻發生所謂「擅權枉法」坐其黨，死者甚衆。自胡案後，毀中書省，六部府院直接對皇上負責，沒有丞相的幫忙，朝政庶務，一切一切都需親自處理，天一亮就起床，處理事務直到深夜，沒有休息，沒有假期，更談不到娛樂。政事庶務，更爲繁忙，單是奏箚，每天總有兩百多件，不要說處理、批判，閱覽就得花很多時間。縱然精力過人，過份工作，精神體力也會透支，而且年歲一天天加大，年復一年慢慢感到吃力了。

朱元璋的二個哥哥，早死星散，父系親族，只有侄兒文正，可說，「門單戶薄」。到文正被殺後，諸子就藩，自己孤零零一人，雖高高在上，而眼觀四方，找遍周圍，沒有一人可以談天，可寄心腹。時時警戒，處處提防，怕別人暗算自己。這種每天緊張的生活，以致害了高度精神緊張疑心恐懼症。加上無數宮中妃嬪性生活，引起極度心理變態，性格變得更加殘酷，橫暴！爲尋求刺激發洩，打人、殺人用酷刑來磨折人。是患了高度虐待狂，用別人的痛苦來發洩，減輕自己的恐懼。

朱元璋過六十歲生日之後，精神體力已有點不濟，乃讓太子來協助，學習政事，處理庶務。但太子幼承孔孟倫理道德之學，生性又忠厚仁慈，父子兩人，一個嚴酷，一個仁慈，父子的心性不同，有時也難免衝突。朱元璋內心深深感到一代不如一代，耽心太子以後在元勳謀士之間，難以馳展自己的長才，悶在心裡，索性自己來大興黨獄，殺盡所有不順眼的元勳謀士臣僚，斬除荆棘，鋪平道路，好讓兒子做太平皇帝。好不容易坦途已開闢，太子的學業和政治訓練，自己也很滿意，以爲可以付託有人，放得下心了，卻又發生意外。

緣南京新宮、地基原是「燕尾湖」塡土所建，地勢較低，成爲南高北低，依地輿學來說是不合營建宮殿的法則，歷古龍勢自北方來，所有各地皇宮，都是坐北朝南。南高北低，成爲後仰，乃有意遷都於長安或洛陽。洪武二十四年八月特派太子巡視西北，看看長安和洛陽兩故宮情形，作爲遷都考量。太子回朝後獻上地圖，提出意見，不料翌年太子病死，這年朱元璋已六十五歲，他也嘗到白髮人送黑髮人的痛苦。受此打擊，身體一天天軟弱下去，傷心之餘，把太子之死，歸咎於新宮風水不好，親自撰寫祭竈神文：

朕經營天下數十年，事事按古有緒。惟宮城前仰後窪，形勢不稱，本欲遷都。今朕年老，精力已倦，又天下新定，不欲勞民。且廢興有數，只得聽天。惟願鑒朕此心，福其子孫。

朱元璋此時的心情，充滿多少無奈！體力已衰，再沒有勇氣談遷都事情。傳位的問題，他還是很重視倫禮，認爲嫡長之序，應該保存，以前由皇長子標爲太子，現在太子死了，沒有考慮其他兒子的情緒反應，沒有協商，逕行決定，由年僅十六歲的嫡長孫允炆爲皇太孫。

皇太孫的信念和性格像他父親，年紀又小，尚未經訓練，雖然要他跟著做事磨練學習，深怕諸皇叔和衆多大將不服調度，挑不動這副重擔，只好又借題發揮，辣手殘殺以前剩存的將領謀臣，連馮勝從小玩到大比肩作戰的同鄉，說不出一點道理，順手也殺了。這樣殺！殺！殺！殺得他認爲對小孫子登上皇位後，一點阻礙也沒有，不會再有誰來作難，做祖父的算盡了心意。

朱元璋的政治能力，是從實際經驗和歷史教訓中得來。他認爲皇位繼承是維持帝國和平的重要制度，必須有規則和法則，才不會引起宗族間糾紛政變。最好的辦法是嫡長承襲制度確立。把歷來做藩王的要如何恪遵維護皇帝，該做不該做的事，都詳細紀載，後代人若不遵守，以奸臣論，殺無赦。然而一切心思白費了，次子秦王、三子晉王，雄武有野心，太子在時文質彬彬，早已存不安份之心，先後被發覺，原要治重罪。太子仁慈，不忍傷害骨肉之情，盡力解救，才得赦罪。太子死後，這情形恐怕會復發，所以朱元璋爲皇太孫用盡心智來維護。直至二十八年春秦王死，三十一年春晉王死，這對朱元璋打擊固然很大，也對太孫繼承帝業減少阻力。免除父子兄弟間勾心鬥角，造成人倫悲劇。但他萬萬沒有想到他死後太孫即位不到五年，四子燕王棣起兵造反，而且援引祖訓，以靖難爲名，篡位自立，是爲成祖號永樂，遷都大都，改爲北京，應天改爲南京。

朱元璋遺囑裡有一段話：「朕膺天命三十一年，憂危積心，日勤不怠。」「憂危積心」

說出他一生在恐懼猜疑的心情，而「日勤不怠」說明他一生用全副精力，來維持皇室權位。

朱元璋從軍以後，就時時刻刻自己殺人，做了皇帝，殺武將謀士，文武臣僚，富室豪門，殺！殺！殺！殺！沒有一天不殺人，雖然自己沒有親自殺人的機會，但只要一開口就人頭落地，一家家，族族，千人塚、萬人塚，他不會看一眼，也不會憐憫！他只想到又少了幾許敵人，剷除了多少障礙，心頭就減輕壓力，增加快意。直到洪武三十一年五月病倒，一個「民族英雄，」一個「血腥皇帝，」既經不能動彈，躺了一個月，告別手創的帝國，離別繼承人和笑容滿面的臣僚，被殺害的遺族，結束一生雄武，恩恩怨怨，安靜地到陰間地府去和被他殺害的臣僚百姓，再次團聚。

載於世界論壇副刊

補述：據中國時報一九九九年二月十四日，轉載新華社報導：中國歷史上的一大懸案－明朝開國皇帝朱元璋下葬處，終於有了明確答案：它就在南京紫金山南麓明孝陵背靠的獨龍阜玩珠峰地下數十米處。

明孝陵爲朱元璋的陵寢。但真正埋葬朱元璋本人及馬皇后和四十六位嬪妃……現在可以確認，朱元璋的玄宮，就在玩珠峰下數十米處，其規模宏大，僅甬道部份，就超過一百二十米……。